Gillessen: Rassenstaat — Ständestaat — Gottesstaat?

Günther Gillessen

Rassenstaat — Ständestaat — Gottesstaat?

Südafrikas Versuch, aus der Geschichte auszuwandern

Klett-Cotta

CIP-Kurztitelaufnahme der Deutschen Bibliothek
Gillessen, Günther
Rassenstaat, Ständestaat, Gottesstaat?: Südafrikas Versuch, aus d. Geschichte auszuwandern. — 1. Aufl. — Stuttgart:
Klett-Cotta, 1977.
ISBN 3-12-910230-2

Verlagsgemeinschaft Ernst Klett — J. G. Cotta'sche Buchhandlung Nachfolger GmbH, Stuttgart

Einbandgestaltung: Heinz Edelmann
Druck: Eckstein + Stähle, Stuttgart

Inhalt

Einleitung

Noch ist nicht ausgemacht, daß Südafrika zum Untergang verurteilt ist. Doch ist unwahrscheinlich, daß die weiße Vorherrschaft im Lande aufrechterhalten werden kann. Südafrika kann in seiner gegenwärtigen Gestalt gewiß nicht dauern. Aber das Ende der weißen Vorherrschaft in Südafrika muß nicht den Untergang oder die Vertreibung der Weißen aus Südafrika bedeuten. Jenes als notwendig zu erkennen und deshalb herbeizuwünschen heißt nicht, dieses herbeiführen zu wollen. Das Ende der weißen Vorherrschaft scheint sogar die Bedingung des Überlebens der Weißen zu sein. Merkwürdigerweise, aber nicht zufällig, sind sich die entschiedensten Befürworter der Apartheid-Politik in Südafrika und ihre rabiatesten, simplistischen Kritiker in Westeuropa und Nordamerika darin einig, daß sie sich für Südafrika nur eine Entweder-Oder-Lösung des Konflikts vorstellen können.

Doch steht nirgends geschrieben, daß es in Südafrika entweder nur weiße oder nur schwarze Herrschaft, bei Unterdrückung der jeweils anderen Hautfarbe, geben kann und geben wird. Die Geschichte ist nicht so prä-determiniert, wie es ein calvinistischer — einst frommer, heute vielfach säkularisierter und bis in die marxistische Geschichtsphilosophie hinein zu verfolgender — Strang im politischen Denken des Westens immer wieder anzunehmen versucht ist.

Dieses Buch handelt von Südafrika; aber nicht vom Wert seiner Bodenschätze, wiewohl er erheblich ist, auch nicht vom Wert seiner geo-strategischen Position am Kap von Afrika, wiewohl diese exzellent ist, wenngleich nicht unersetzlich. Es handelt von den Gedanken und Gefühlen der Menschen, die dort wohnen, die sich in Gruppen begreifen oder begreifen lassen müssen und von deren Einsichten abhängig wird, was aus diesem Land werden wird. Südafrikas Krise, das heißt die Zeit der Entscheidung zum Besseren oder zum Untergang, ist angebrochen. Doch wäre das Schicksal dieses Landes auch dann noch nicht ausgemacht, wenn der richtige, der günstigste Zeitpunkt des Wandels verpaßt und das Land aus diesem Grunde oder anderen, mittlerweile gegebenen Umständen durch eine Zeit der Turbulenzen und vielleicht noch blutiger Unruhen hindurchgehen wird.

Für den Westen, für Amerika und die Länder Westeuropas, wird Südafrika zu einer großen Bewährungsprobe. Der Westen kann sich nicht lossagen von dem, was die Weißen dort denken und tun. Zu sehr ist Südafrika ein Teil der europäischen Auswanderungs- und Kolonialgeschichte. Zu sehr sind die Fehler, die dabei begangen wurden, typisch westliche Fehler. Zu sehr widerspricht freilich auch das Ergebnis den christlich geprägten Vorstellungen des Westens von Wert und Würde des einzelnen Menschen, als daß dieser Westen nicht aufgefordert wäre, dafür auch gegenüber den Weißen und Schwarzen Südafrikas einzustehen und nach Möglichkeit ordnungstiftend auf ihren Konflikt einzuwirken. Der Westen braucht dabei nicht zum Parteigänger des schwarzafrikanischen Nationalismus zu werden. Es wäre weder recht noch nützlich und durchaus nicht im Interesse der Schwarzen Südafrikas, die weißen Südafrikaner über die Klinge springen zu lassen. Auch ist die gegenwärtige Lage Südafrikas nicht allein der jetzt dort lebenden Generation zuzuschreiben und anzulasten. Aber die westliche Politik wird nicht umhinkönnen, für das Lebensrecht und die politischen Rechte aller Gruppen in Südafrika, der Schwarzen und auch der Weißen, einzutreten. Wenn er dies mit Konsequenz tut, nach allen Seiten hin und ohne ängstliche Überlegungen der Opportunität, eröffnet er sich sogar eine Möglichkeit, in ganz Afrika Eindruck zu machen und Einfluß zu gewinnen und damit auch den sowjetischen Einfluß zurückzudrängen. Die Mineralien und die strategischen Positionen Afrikas stehen dem Westen auf die Dauer nur mit den Sympathien der Menschen zur Verfügung, die dort wohnen, nicht gegen sie.

Die Entstehung dieses Buches ist unmittelbar angestoßen worden von den Unruhen in Soweto im Sommer 1976. Es ging hervor aus einem im Laufe der Jahre ziemlich umfänglich gewordenen Mißtrauen des Autors in fast alle Berichte, die er von anderen über Südafrika hörte oder las. Die meisten Darstellungen schienen parteiisch zu sein, sei es in der Anklage, sei es in der Verteidigung der Apartheid, sei es in eigentümlicher Militanz oder harmloser Naivität und Phantasielosigkeit. Dies alles ließ den Wunsch entstehen, sich selbst im Lande umzusehen. Die Herausgeber der Frankfurter Allgemeinen Zeitung haben dem zugestimmt. In dieser Zeitung sind diese Reiseberichte zuerst erschienen. Sie enthalten nichts, was der Autor nicht selbst gesehen, erlebt, erfragt oder zu begreifen versucht hat.

G.G.

Die erbitterten Stiefkinder der burischen Kolonisation

Die Mischlinge schlagen sich zu den Schwarzen

Kapstadt. — Jerome P., Student in Kapstadt, und seine Schwester Nina haben eine Hautfarbe und Gesichtszüge, daß man auf eine Herkunft in einem der Länder am Mittelmeer schließen möchte. Professor van der Roos, Rektor einer der Kapstädter Universitäten, könnte für einen Spanier gelten. Das Zimmermädchen im Hotel dagegen ist so negroid, daß man sie für eine Schwarze halten möchte. In Kapstadt sieht man zuweilen auch braunhäutige Männer mit einem Fez auf dem Kopf; es sind Abkömmlinge islamischer Sklaven aus Malaya, die in den ersten Jahrzehnten des neunzehnten Jahrhunderts importiert worden waren. Ob bleich, grau, hellbraun, dunkelbraun, oliv, ob Abkömmlinge aus Verbindungen von Weißen mit Buschmännern und Hottentotten oder dieser mit Griquas und Xhosas sowie Malayen — das alles sind in der Amtssprache der Apartheid „Farbige" („coloured persons").

Es ist eine Gruppe von etwa zwei Millionen Menschen, die sich nicht in anderen Gruppen wie „Weißen" oder „Schwarzen" oder „Indern" unterbringen lassen. Fast alle Coloureds sprechen die Sprache der Buren, das Afrikaans; fast alle sind Christen; fast alle haben sich bislang den Weißen Südafrikas näher empfunden als den Schwarzen. Die meisten von ihnen wohnen auch da, wo die burische Besiedlung des Landes vor zweihundert Jahren begonnen hatte, am Kap und in der

Kap-Provinz. Nicht wenige von ihnem machten mit ihren Herren, den burischen Farmern, die Treks mit. „Sie sind wie wir, sie haben mit uns zusammengewohnt, wir haben freien Umgang mit ihnen gehabt. Kulturell und historisch gehören sie zu uns", beschreibt einer der Professoren an der Stellenbosch-Universität das Verhältnis.

In Kapstadt sind die Coloureds in den letzten Jahren in immer bessere Stellungen gekommen. Sie stellen nun das Verkaufspersonal in den meisten Läden. Sie sind Bankangestellte, Sekretärinnen der Verwaltung. Die Phase, in der sie nur Unterschicht waren, ist vorbei. Viele sind in mittlere und eine kleine Anzahl auch in führende Berufe vorgedrungen. Aber trotzdem haben sie keine politischen Bürgerrechte. Bis vor wenigen Jahren gab es auch im Zentrum Kapstadts noch Stadtgebiete, in denen Weiße und Farbige zusammenwohnten. Daneben gab es auch ein internes, ein inneres Stadtgebiet, den pittoresken „Bezirk 6", nahe beim alten Fort, wo sie ganz unter sich wohnten. Sie waren, so oder so, immer ein fester Bestandteil der Stadt Kapstadt gewesen. In den letzten Jahren sind sie nun Zug um Zug aus- und umquartiert worden, in neue Vorstädte, zehn und mehr Kilometer weiter draußen.

Die alte Frau auf der Bank im Stadtpark erzählt davon. Vor sechs Jahren habe man sie aus ihrem Viertel ausgewiesen und nach Mitchells Plain verpflanzt. Dort seien die Häuschen nicht einmal verputzt, nackter Bimsstein, den sie innen mit Ölfarbe anstrichen, damit man darin wohnen konnte. Mitchells Plain ist eine von vielen dieser einander gleichen Wohnquartiere für die Farbigen.

Über diese neuen Vorstädte heißt es im Bericht der Theron-Kommission, einer von der Regierung eingesetzten Studiengruppe zur Untersuchung der Verhältnisse der „Coloureds": „Die Kommissionsmitglieder erhielten sowohl in den ländlichen Wohnorten wie in den Vorstädten („Townships") einen außerordentlich ungünstigen Eindruck . . ." In der Mehrzahl der farbigen Gemeinden fehlt es, abgesehen von einigen Schulen und Kirchen, an Gaststätten oder Erholungsgebieten, wo man sich treffen kann. Ein Zeuge erklärte, der einzige Ort, wo man mit anderen zusammenkommen könne, sei das „Shebeen". (Damit sind illegale Schwarzmarkt-Trinkstuben gemeint.) Die Zeugen sagten aus, daß die Straßen nicht unterhalten würden, daß es keine Gehsteige gebe, keine oder nur knappe Straßenbeleuchtung, keine Bäume oder Pflanzen. Offene Plätze, die Spielplätze sein sollten, werden für die Müllablagerung benützt . . . Im Ergebnis, trotz mancher einigermaßen gutgebauter Häuser, bieten diese Vorstädte eine trostlose Erscheinung . . . Einige Einwohner waren aus Slumgebieten umquartiert worden, in denen es freilich starke soziale Bindungen untereinander gegeben hatte. Andere waren aus guteingesessenen und angesehenen „braunen" Vierteln in der Stadt ausgesiedelt worden, wo sie einst nahe bei Läden und Erholungsstätten gewesen waren, wie Kinos, Schulen und kirchlichen Gemeinden. Sie fanden sich dann in den Vorstädten unter lauter Fremden, mit anderem Lebensstil wieder. „Ich habe niemand, mit dem ich sprechen könnte", zitiert der Bericht einen Zeugen, der von der Apartheid-Politik aus seiner gewohnten Umgebung herausgerissen und zwangsweise umquartiert worden war.

Doch: „Apartheid interessiert mich nicht mehr", sagte uns die alte Frau aus Mitchells Plain auf der Parkbank im weiteren Verlauf der Unterhaltung. Von einem Taxifahrer hörten wir dasselbe, beinahe mit den gleichen Worten: „I don't mind about Apartheid." Es dauerte ein Weilchen, bis der Besucher den Sinn der verwirrenden Äußerung verstand. Mit Apartheid meinten sie nämlich nicht die gesamte Politik der Rassentrennung, sondern deren vordergründigeren Teil, die physische Trennung der Rassen und die Verkehrsregeln des Umgangs der Gruppen miteinander. Dieser Teil der Apartheid ist nicht das ärgste. Ärger ist anderes: „Sie unterdrücken uns“, fährt der Taxifahrer fort. „Es ist schlimmer, es ist eine Beleidigung. Bei jeder Gelegenheit treten sie uns. Ich weiß, daß meine Bibel mich lehrt, sie nicht zu hassen. Ich hasse sie nicht“, sagt er weiter. (Es fällt dem Zuhörer schwer, dies zu glauben.) „Doch warum sind sie so dumm? Sie brauchen uns. Sie sollten uns an sich heranziehen. Stattdessen treten sie uns. Es bricht einem das Herz.“

Solche Klage ist nichts Seltenes. Der Besucher braucht nur zu erkennen geben, daß er ein Fremder ist, und schon bricht die Empörung heraus. Wie häufig in einer vorrevolutionären Phase nimmt die Erbitterung noch zu, wenn sich die Situation der Unterdrückten bereits gebessert hat. Die Verbesserung der allgemeinen Lebensverhältnisse der Farbigen in den letzten fünfzehn Jahren wird gar nicht zur Kenntnis genommen. Sie kam als Nebenwirkung des wirtschaftlichen Aufschwungs des ganzen Landes zustande. Es wird auch kaum bemerkt, daß die Farbigen in viel höhere Stellungen vorgedrungen sind. Auch ist ihre physische Erscheinung besser als die ihrer Eltern. Die Jungen sind gerader und größer gewachsen als die ältere Generation. Sie sind offensichtlich besser ernährt. Trotz solcher objektiv feststellbarer Fortschritte ihrer Lage empfinden sich die Farbigen unterdrückter als früher.

Besser geht es zum Beispiel dem Verkäufer einer Möbelfabrik, der gern Lehrer geworden wäre, aber nicht untergekommen war. Das Innere seines kleinen Häuschens in einer Vorstadt (wiederum ohne Verputz, stattdessen kalt glänzende Ölfarbe auf rohem Mauerstein): die Couchgarnitur, der japanische Plattenspieler, der Gläserschrank, verrät einen gewissen

Wohlstand. Auch da wieder: Apartheid interessiert uns nicht. Er meint damit auch die Lockerung der sogenannten kleinen Apartheid, die in den letzten Jahren auf Parkbänken, vor Postschaltern, in den internationalen Hotels und im Sport stattgefunden hat. „Ich will doch gar nicht mit dem weißen Mann in die Oper gehen . . . Was mich interessiert, sind meine Rechte, mein Recht auf Schulbildung, auf gleichen Lohn für gleiche Arbeit, mein Wahlrecht, mein Bürgerrecht." Die Frage, ob er das letzte Mal (1975) den „Repräsentativ-Rat der Farbigen" (CRC) gewählt habe, verneint er. „Ich wähle da nicht mit; der CRC interessiert mich nicht. Das ist nur Teil des „Systems". Wir wollen das System brechen. Wir waren viel zu lange zufrieden mit dem, was man uns gab, und mit dem, was man uns nahm."

Das ist der neue Ton unter den Farbigen. Früher war es keine Frage, daß sich die Farbigen, als Gruppe, eher den Weißen als den Schwarzen zuzurechnen suchten. Farbig zu sein hieß damals, auf dem Weg von Schwarz nach Weiß zu sein. Farbig zu sein hieß, sich den Weißen von Generation zu Generation immer mehr zu assimilieren. Farbig zu sein war die Aufgabe, „weiß" zu werden.

Dies ist nun nicht mehr so. Den Anfang machten die Jungen. Der Student Jerome und seine Schwester Nina, die als Weiße untertauchen könnten, haben sich beide in den letzten Jahren das Haar im „Afro-Look" wachsen lassen. Sie tragen auch beide auf der Party, auf der wir sie kennenlernten, etwas flatternde, bunt bedruckte Gewänder, die als „afrikanisch" gelten. Die Abwendung der Farbigen von den Weißen und die Zuwendung zu den Schwarzen wird zum Ausdruck gebracht. In der politischen Sprache ist „Black" keine Hautfarbe mehr, sondern ein politischer Bewußtseinszustand, der des schwarzen Selbstbewußtseins („Black Consciousness").

Die Hinwendung des geistig regsamen Teils der Farbigen zu den Schwarzen drückt eine Verzweiflung der Farbigen über die Weißen aus. Die Gruppe in der unglückseligen Lage zwischen den Fronten verliert die Hoffnung in die Fähigkeit des „Systems" zur Selbstreform. Noch scheint es zwar nicht so zu sein, daß der gute Wille der Farbigen nicht wieder zu erwekken wäre. Radikal-revolutionär, bis hin zum Risiko der Selbstzerstörung, ist die allgemeine Stimmung nicht, aber tief enttäuscht und verbittert.

Daß „Apartheid nicht mehr interessiert", sagt auf andere Weise aus, daß man das Schikanöse des Systems nicht mehr für seine Hauptsache hält. Man erkennt das Wesen der Diskriminierung zunehmend in der Aberkennung der politischen Rechte als südafrikanische Staatsbürger.

Dies ist als Kern des Konfliktes begriffen. Segregation hat es immer gegeben. Segregation würde es, auf eine informelle Weise, vermutlich in gewissem Umfang in jedem Falle auch künftig geben. Aber es macht doch einen großen Unterschied aus, ob der Geldbeutel oder ein Gesetz bestimmt, in welchen Vierteln man wohnen, welche Schulen man besuchen, welche Berufe man ausüben, an welchen Universitäten man studieren kann. Die gesetzliche Begründung der Apartheid-Politik rückt die Frage der Beteiligung an der Gesetzgebung, das Wahlrecht und anderen staatsbürgerlichen Rechte in das Zentrum der Beschwerden der „Farbigen".

Schwarze hatten nie politische Rechte in Südafrika, die Farbigen aber sehr wohl. Die britische Kolonialverwaltung hatte in der Kapkolonie 1853 und in Natal 1856 ein gleiches Wahlrecht für alle Einwohner eingeführt, wenn auch nicht ein allgemeines Wahlrecht. Es war beschränkt durch Mindestanforderungen an Bildung und Einkommen. 1910, bei der Gründung des Unionsstaates Südafrika aus den Burenrepubliken und den beiden britischen Kolonien, blieb es beim Status quo in jeder Provinz. Das Wahlrecht für Farbige in den beiden britischen Kolonien blieb erhalten, ebenso, wie es ihnen im Oranje-Freistaat und in Transvaal weiterhin vorenthalten wurde. Bei dieser Gelegenheit wurde das Wahlrecht in der Kap-Provinz und in Natal jedoch auf ein aktives Wahlrecht beschränkt. Von da an konnten die 30 000 Farbigen, die den Ansprüchen des Wahlgesetzes genügten, nicht mehr eigene, sondern nur noch weiße Abgeordnete als ihre Vertreter ins Kapstädter Parlament schicken. Als dann in den dreißiger und vierziger Jahren das südafrikanische Wahlrecht auch den Frauen gegeben und seine anderen Beschränkungen (Einkommen, Bildung) fielen, wurden diese Verbesserungen nur der weißen Wählerschaft zugestanden. Für Farbige galten die alten Beschränkungen weiter. 1970 wurde dies beschränkte Wahlrecht der farbigen Bevölkerungsgruppe durch Parlamentsgesetz ganz aufgehoben, im gleichen Zuge, in dem man allen Farbigen ein allgemeines Wahlrecht für den neuen „Repräsentativrat der Farbigen" (CRC) gab. Dies ist jedoch nur eine Beratungskörperschaft, außerhalb des gesetzgebenden Parlaments.

Sieben Jahre später ist der Repräsentativrat als politisches Instrument in seiner politischen Wirksamkeit nahezu verbraucht. 1969 hatten sich noch 75 Prozent der wahlberechtigten Farbigen in die Wählerlisten für den CRC eintragen lassen. 1974 waren es nur noch 52 Prozent, und von diesen ging dann nur noch die Hälfte zur Wahl. Nur ein Viertel der wahlberechtigten Farbigen sah es 1975 noch als lohnend an, Mitglieder für eine Versammlung zu wählen, deren Nachteil es ist, nicht kompetent genug zu sein, die eigenen Angelegenheiten der Farbigen autonom zu regulieren, und, wäre sie besser ausgestattet, das System der „getrennten Entwicklung" bestätigen würde. Der CRC ist allzu sehr als Teil des Systems der getrennten Entwicklung diskreditiert. Auch sind nur 40 der 60 Mitglieder gewählt, die anderen von der Regierung ernannt. Von den beiden farbigen Parteien im CRC nahm die Labour Party, als prinzipielle Opposition, ihn nur als Agitationsplattform in Anspruch; die gemäßigte Federal Party dagegen war anfänglich zur Kooperation mit der Regierung bereit. Der Vorsitzende der gemäßigten Federal Party erklärte inzwischen (1977), man sei nun am Ende, man habe genug: „Wir ertragen es nicht länger, ohne Bürgerrechte zu sein".

Im Herbst 1976 mußte der Minister für Angelegenheiten der Farbigen in der Regierung kommissarisch die Rechte des Repräsentativrates wahrnehmen. Dessen Vorsitzende wurde eine von der Regierung eingesetzte Frau, mit der sich zu unterhalten eine einzige Peinlichkeit ist. Man weiß — und sie weiß es auch —, daß man sich mit einer Puppe unterhält. Die Regierungspartei hat freilich auch immer gesagt, daß sie keinesfalls bereit sei, „die Macht zu teilen" und den anderen Gruppen Mitbestimmung zu gewähren. Das Zugeständnis eines Beratungsorgans soll die äußerste Konzession bleiben. Für die indische Gruppe in Natal ist ein gleichartiger „Rat" im Aufbau, und die Einrichtung eines dritten Rates für die schwarzen Arbeiter in den „weißen" Gebieten (außerhalb der Reservate) wird erwogen.

Mit der Gewährung dieser unzureichenden, die Bedürfnisse der Betroffenen nach politischer Mitbestimmung bei weitem nicht erfüllenden Einrichtungen gibt die Regierung immerhin zu verstehen, daß diesen drei Gruppen, die außerhalb von Reservaten (Homelands) leben und von den Weißen als Arbeitskräfte gebraucht werden, eine Repräsentation, freilich ohne Rechte, zugestanden werden muß. Man hat in der Regierung inzwischen bemerkt, daß es nicht genügt, wenn diese Räte nur den zuständigen Ressortminister (und dies ziemlich unverbindlich) beraten sollen. So ist 1977 deshalb das Beratungssystem um eine zweite Etage aufgestockt worden. Man erfand einen „Kabinettsrat" (Cabinet Council), in dem Mitglieder der Regierung, unter Vorsitz des Premierministers, mit den Vorsitzenden der drei Repräsentativräte über deren Angelegenheiten sprechen sollen.

Es ist abzusehen, daß auch dies politisch nicht genügen kann. Dann wird es die Regierung entweder mit neuen Forderungen nach Mitbestimmung zu tun bekommen oder mit Leuten, die von den Gruppen, die sie vertreten sollen, verachtet und boykottiert werden. Aus dem Cabinet Council kann nicht viel werden. Aber vielleicht ergeht es wenigstens dem Premier im Laufe dieser Auseinandersetzungen so wie den Mitgliedern der Theron-Kommission, die die Angelegenheiten der Farbigen untersuchen sollte. Ihre Einsicht wandelte sie im Angesicht der Realität, die sie kennenlernten. Die Regierung hatte sämtliche Mitglieder dieser Kommission ernannt, und deren Mehrheit besaß mutmaßlich uneingeschränktes Vertrauen. Als die Kommission aber nach zwei Jahren ihren Bericht vorlegte, wurde offenbar, daß der größere Teil ihrer Mitglieder ins Lager der Kritiker des Regierungskurses abgeschwenkt war.

Die wichtigsten Empfehlungen der Kommission lauten: Alle diskriminierenden Regeln oder Praktiken der Apartheid, die mehr Irritation schaffen, als sie zu vermeiden geeignet seien, sollten abgeschafft werden. Eine wichtige Voraussetzung für das friedliche Nebeneinander der ethnischen Gruppen sei die volle Anerkennung der menschlichen Würde jedes Einzelnen in allen „Kontakt-Situationen". Das ist eine Forderung, die in ihrer Konsequenz zur vollen Abschaffung der Apartheid führen müßte. Praktisch wird allerdings nur die Abschaffung aller gesetzlichen Benachteiligungen im gesellschaftlichen Leben gefordert. In der Verfassungsfrage, die die Kommission aufgriff, ohne dazu ermächtigt zu sein, wird die weitere Ausdehnung der politischen Rechte der Farbigen vorgeschlagen. Vor allem werden vermehrte Gelegenheiten für befriedigende Formen der Repräsentation der Farbigen ,,und eine direkte Mitsprache Farbiger auf allen Ebenen der Regierung und aller legislativen Körperschaften" empfohlen. Die zweite Forderung zeigt, wie vorsichtig sich die Kommission bewegt, die dritte, daß sie weiß, wohin die Reise gehen muß: Zur Anerkennung der Farbigen als vollberechtigte Staatsbürger.

Inzwischen ist innerhalb der Regierungspartei eine schwere Auseinandersetzung über die Behandlung der ,,Farbigen" im Gange. Wenn die Weißen eines Tages innenpolitische Verbündete suchen müßten, wo sollten sie sie suchen? Die Farbigen in der Kap-Provinz sind die den Weißen ähnlichste Gruppe. Sie sprechen das Afrikaans der Buren als Muttersprache; sie gehören zum gleichen Kulturkreis. In ihren Schulen wird nach den gleichen Lehrbüchern unterrichtet; ,,sie sind — eigentlich —", so sagte uns ein höherer Beamter aus der Fachverwaltung mit einigem Zögern ,,wie wir."

Das macht die Farbigen-Frage zum archimedischen Punkt der Apartheid-Politik. Man könnte ihnen also das Wahlrecht geben. Doch diese Gruppe anders und besser zu behandeln als die Schwarzen hieße, das gesamte Konzept der Apartheid, die ganze Idee der Rassenbefriedung durch Rassentrennung grundsätzlich in Frage zu stellen. So müssen denn den ,,Coloureds" politische Rechte schon deshalb vorenthalten werden, damit sie auch allen anderen Gruppen, vor allem den Schwarzen, vorenthalten werden können. Hinzu kommt eine Überlegung, die Tagespolitikern in der Nationalen Partei noch näherliegt. Den Mischlingen das Wahlrecht zu geben hieße, der Opposition bei der folgenden Parlamentswahl zur

Mehrheit zu verhelfen. Die Farbigen würden im Parlament mit der Vereinigten Partei stimmen. Das hieße zwar noch nicht das Ende der Vorherrschaft der Weißen in Südafrika, wohl aber das Ende der Herrschaft der Buren. Zwei Millionen Mischlingen das Wahlrecht zu geben würde den Volksgruppensieg zunichte machen, den die Buren 1948 über den englisch sprechenden Teil der Weißen Südafrikas errungen und seither ausgebaut hatten — was sie als die Korrektur ihrer Niederlage im Burenkrieg angesehen hatten.

Die Anwesenheit von zwei Millionen „Kap-Mischlingen" selbst ist ein lebender Widerspruch zur Grundbehauptung der Apartheid, die Völker Südafrikas seien so verschieden, daß sie niemals ein einziges Staatsvolk werden könnten. Die Coloureds sind der fleischgewordene Beweis dafür, daß die verschiedenen Völker Südafrikas sich miteinander mischen können. In diesen zwei Millionen zeigt sich, daß es einmal einen Ansatz für den „brasilianischen" Weg der Integration und Nationwerdung Südafrikas gab. Wenn es ihn einmal gab, könnte es ihn künftig noch einmal geben?

Die Homeland-Politik — zweischneidiges Instrument der Apartheid und ihrer Überwindung

Durban. — Der Minister war aus Pretoria angereist und präsentierte die Liste der Erfolge im letzten Jahr: Sieben Prozent mehr Schulen in KwaZulu, 650 000 Schüler, die durchschnittliche Klassenstärke nun auf 54 Schüler gesunken, zwei neue Lehrerbildungsanstalten, die ersten Zulu-Rechtspfleger im Amte; dann eine Aufforderung an die Häuptlinge, ihren Einfluß zur Verbesserung der landwirtschaftlichen Produktion zu verwenden, besonders des Zuckerrohranbaus als Quelle barer Einkommen anstelle der üblichen Selbstversorgungslandwirtschaft. Und damit erklärte der Minister die Legislaturperiode für eröffnet.

Der Ort der Rede war die sogenannte gesetzgebende Versammlung von KwaZulu in Ulundi, der Hauptstadt des „Heimatlands" der Zulu-Stämme. Die südafrikanische Regierung will ihnen so schnell wie möglich die Selbstverwaltung übergeben und sie alsbald auch in die Selbständigkeit eines souveränen Staates entlassen. Diese Politik ist Teil der „getrennten Entwicklung", der „Apartheid". Aber der politische Führer der Zulus, Häuptling Buthelezi, will davon nichts wissen. Er spielt mit, um den Plan zu vereiteln.

Wie in früheren Jahren nutzte er auch diesmal die Gelegenheit, als Ministerpräsident von KwaZulu grundsätzlich der Politik Pretorias zu widersprechen und dabei seinen eigenen

Versuch zu rechtfertigen, mit gewaltlosen Mitteln, auch durch Mitarbeit an diesem ,,von Weißen für Schwarze erfundenen" Selbstverwaltungsplan, den Schwarzen Südafrikas die Rechte zurückzuerobern, die ihnen ,,Gott gegeben hat und eine weiße Regierung vorenthält". Der Minister aus Pretoria schaut mit steinernem Gesicht zum Fenster hinaus. Buthelezi ist einer der fähigsten, geschicktesten und eindruckvollsten schwarzen Politiker in Südafrika. 1977 hielt er in Amerika eine Anzahl akademischer Vorträge, die gleichermaßen für die Bürgerrechte der Schwarzen wie für den Grundsatz der Gewaltlosigkeit in diesem Kampfe plädierten.

Die Frage, wie weit man mit dem Staat der Buren, dem Staat der Apartheid, kooperieren soll, um ihn zu überwinden, wird recht verschieden beantwortet. Unter den Indern in Natal, etwa einer Million, unterstützen nur zehn Prozent eine Politik der begrenzten politischen Zusammenarbeit mit der burischen Regierung. Das läßt sich an der Zahl derjenigen ablesen, die sich für die bevorstehende erste Wahl für einen indischen Repräsentativrat registrieren ließen. Unter den sogenannten ,,Farbigen", der Mischlingsbevölkerung aus dreihundert Jahren des Zusammenlebens von Weißen, Buschmännern, Schwarzen und Malayen in der Kap-Provinz, sind es derzeit zwanzig Prozent. Die anderen zeigen teils Desinteresse, teils klare Verweigerung gegenüber dem ,,System". Häuptling Mantanzima, Regierungschef der Transkei, des ersten für souverän erklärten Heimatlandes der Xhosa-Völker, dagegen akzeptierte die Souveränität, die Pretoria ihm aufdrängte. Der Chef des 1977 in die Unabhängigkeit entlassenen Stammesgebietes Bophutha-Tswana, Häuptling Mangope, ist ebenfalls bereit dazu. Die Ministerpräsidenten der anderen acht Stammesgebiete, darunter Buthelezi, sind es nicht. Denn, so erklärten sie gemeinsam im August 1976, ,,Wir wollen nicht auf unser Geburtsrecht als südafrikanische Bürger verzichten und nicht unseren Anteil an der Wirtschaft und dem Reichtum preisgeben, die wir gemeinsam geschaffen haben."

Doch Buthelezi und die andern werden auch dafür kritisiert, daß sie zu begrenzter Zusammenarbeit mit dem „System" der Apartheid bereit sind. Diese Kritik kommt häuptsächlich von den radikalen afrikanischen Führern in nördlichen „Frontstaaten" und den dorthin geflüchteten Radikalenführern der schwarzen Widerstandsbewegung Südafrikas, auch von der politischen Linken in Europa und Amerika.

„Sie verstehen nicht, wovon sie reden", sagt Buthelezi. Der Boykott-Aufruf gegen die Wirtschaft Südafrikas nütze niemandem außer dem Bedürfnis der Kritiker Südafrikas nach Selbstrechtfertigung. Wer den Schwarzen in Südafrika wirklich helfen wolle, dürfe die Berührung mit dem „System" nicht scheuen. Man müsse vielmehr alle Möglichkeiten der von Weißen beherrschten Republik ausnutzen, die sich zur Verbesserung der Lebensverhältnisse und der politischen Rechte der braunen und schwarzen Gruppen eignen. Das heißt auch, nur so weit, wie sie diesem Zwecke dienen — nicht weiter.

Das unterscheidet Buthelezi einerseits von Mantanzima, andererseits von den Radikalen bis hin zur Südafrikapolitik des Weltkirchenrats.

Doch selbst die Regierung der Transkei, die vielfach als Puppenregime Pretorias verschrien wird, läßt sich nach der Erklärung ihrer „Souveränität" in ganz anderen Tönen gegenüber der Südafrikanischen Regierung vernehmen, als diese wohl erwartet hatte. Mantanzima erklärte im März 1977: „Wir nahmen an, was man uns gab (die Unabhängigkeit), um zu bekommen, was wir verlangen". Und er verlangte die Vergrößerung des Gebietes der Transkei; notfalls werde man Waffengewalt gegen die südafrikanische Republik nicht scheuen. Die

Drohung ist lächerlich. Aber sie zeigt, daß die Rechnung der südafrikanischen Regierung und der burischen Mehrheitspartei mit den „Homelands" nicht aufgehen wird. Auch der Mann, den man auf allen Seiten für eine Marionette der südafrikanischen Politik hielt, dieser „Kollaborateur" oder „Partner" Pretorias — je nach Standpunkt —, der den Plan der Aufteilung Südafrikas in elf selbständige Staaten zu billigen schien, legt sich quer.

Grundidee dieses Planes ist, den Weißen die Mehrheit in einem größeren Teil Südafrikas dadurch zu verschaffen, daß die Stammesgebiete der Schwarzen politisch ausgegliedert und alle Schwarzen einem dieser Stammesgebiete als Staatsbürger zwangsweise zugewiesen werden. Damit würden sie Ausländer in dem größeren südafrikanischen Reststaat. Südafrika behielte den Löwenanteil des Territoriums — freilich nicht den größeren Teil der landwirtschaftlich nutzbaren Fläche — und die weitere Nutzung der Schwarzen als Arbeitskräfte und Konsumenten.

Die Kritik, der Mantanzima sich wegen der Annahme der „Souveränität" und Mitarbeit an diesem Plan ausgesetzt sieht, und die Verweigerung der internationalen Anerkennung scheinen ihn zu veranlassen, mit der Regierung der Republik jetzt hart und störrisch umzugehen, nur um zu beweisen, daß die Transkei tatsächlich souverän sei. Die Transkei könnte aus ihrer „Souveränität" eine Menge ärgerlicher Konsequenzen für Südafrika ziehen. Zum Beispiel könnte sie die Freistellung ihrer Bürger, der Xhosa-Gastarbeiter, von bestimmten Auflagen der südafrikanischen Rassentrennungspolitik betreiben, die nicht mit der übrigen Ausländergesetzgebung Südafrikas in Einklang gebracht werden könnten. Noch ist es nicht so weit, aber eine solche Erwartung zeigt bereits, daß die Homeland-Politik zu Konsequenzen führt, die ihre Urheber wohl kaum vorausgesehen haben und denen sie nur zum Teil ausweichen können.

„Die Weißen brauchen uns, und wir brauchen die Weißen", sagte Buthelezi. Südafrika sei im Ernst nicht zu trennen. Er wirft der burischen Regierungspartei vor, daß sie nicht verstehe, aus der wirtschaftlich vorangeschrittenen Integration des Landes staatsbürgerrechtliche Konsequenzen zu ziehen. Die afrikanischen Arbeiter in den Städten Südafrikas sind keine Ausländer, keine „Gastarbeiter"; sie sind Südafrikaner ohne Bürgerrechte.

„Südafrika ist ein Staat ohne eine Nation", erläuterte es einer der Professoren von Stellenbosch, S. P. Cilliers. Eine südafrikanische Staatsnation gibt es nicht, soll es nach dem in der Nationalpartei herrschenden Willen auch nicht geben.

Südafrika soll aus verschiedenen „Nationen" bestehen, damit die „Identität", die Eigenheit und die Macht des burischen Afrikanertums inmitten einer braunen und schwarzen Mehrheit nicht verlorengehen könnten. Die Entstehung einer einzigen südafrikanischen Staatsnation zu verhüten ist der Zweck der „Getrennten Entwicklung". Die unbestreitbar große Heterogenität der Bewohner und Völker Südafrikas, auf die die Buren stets hinzuweisen pflegen, ist aber nicht nur die Beschreibung einer Realität, sondern auch die Postulierung einer Norm: Die Vielvölkerschaft Südafrikas soll Vielvölkerschaft bleiben, um der Konsequenz auszuweichen, diese Vielfalt auch als eine Gesamtheit zu begreifen und die verschiedenen ethnischen Gruppen als Bürger eines Staates, als Staatsnation, miteinander zu versöhnen. Die Angst der Buren, als ethnische Gruppe eingeschmolzen zu werden — eine vermutlich übertriebene Angst angesichts ihres historisch erprobten Selbstbehauptungswillens — und ihre „Identität" zu verlieren, ist das Haupthindernis für die Entstehung einer größeren südafrikanischen Identität.

Vielmehr haben die Buren den Versuch unternommen, die Sache auf den Kopf zu stellen und den südafrikanischen Staat als Instrument zum Schutz ihrer eigenen Gruppe einzurichten. Als sie im Jahre 1948 die parlamentarische Mehrheit errangen, begannen sie damit, eine Gesetzgebung nach der anderen zu verabschieden, mit der die Bevölkerung Südafrikas, wo sie getrennt war, getrennt gehalten, und wo sie sich verbunden hatte, auseinanderdividiert werden sollte, bis zur Konsequenz der politischen Ausgliederung von Teilgebieten der Republik in die Unabhängigkeit. Sie wandelten damit das Muster ab, nach dem die europäischen Kolonialmächte ihre Kolonien in Afrika in die Unabhängigkeit entließen. Aber die Kolonialmächte konnten abziehen. Die Buren können das nicht und wollen das auch nicht.

Als ein Widerspruch von sprengender Gewalt erweist sich der gleichzeitige Wunsch, die Volkswirtschaft Südafrikas nicht zu „balkanisieren". Denn ohne die schwarzen Arbeitskräfte geht es nicht. Südafrika soll eine Wirtschaftsnation bleiben, ohne Staatsnation zu werden.

Zu diesem Zwecke werden 18 Millionen Schwarze zu Ausländern gemacht. Das sind 80 Prozent der Teilnehmer am südafrikanischen Wirtschaftsleben. Dazu ein Beispiel: zwischen 1960 und 1973 stieg das im Stammesgebiet der KwaZulu, im Homeland, verdiente Sozialprodukt um 132 Prozent auf 80 Millionen Rand (240 Millionen Mark). Gleichzeitig aber stieg das von den Zulu-Wanderarbeitern außerhalb KwaZulus verdiente Einkommen um 275 Prozent, auf einhundertfünfzig Millionen Rand (450 Millionen Mark). 1960 machte das im Stammesgebiet verdiente Einkommen der Zulus noch 44 Prozent des Zulu-Bruttosozialproduktes aus; 1973 waren es dagegen nur noch 22 Prozent. Das Homeland KwaZulu ist jetzt zu annähernd vier Fünftel seines Sozialproduktes auf außerhalb des Homelands geleistete Arbeit angewiesen. Die sichtbar fortgeschrittene Arbeitsteilung macht das Konzept der politischen Teilung des Landes absurd. „Man kann das Land entweder teilen oder beisammenhalten," meint Buthelezi dazu. „Die Regierung versucht das eine zu tun und zugleich auch das Gegenteil." Buthelezi meint deshalb, man dürfe nicht zustimmen, daß die Homelands ausgegliedert werden. Sie müßten im Gegenteil gerade wegen der Rückständigkeit ihrer Entwicklung enger an die wirtschaftliche und politische Entwicklung der urbanisierten Teile Südafrikas angeschlossen werden. „Wir brauchen die Weißen".

Doch damit verwirft er nicht das gesamte Homeland-Konzept der Apartheid-Politik. Das Konzept der Nationalen Partei kann nach seiner Ansicht umgepolt werden, von Trennung auf Föderation. Wenn die Führer der Schwarzen ihr Spiel richtig spielen, meint Buthelezi, seien die Stammesgebiete, zumal wenn sie noch mehr entwickelt werden, durchaus als „Kantone" eines künftigen südafrikanischen Bundesstaates zu gebrauchen. Aber Voraussetzung dafür bleibe, daß sie sich nicht aus der Republik hinausdrängen lassen. Selbstverwaltung der Homelands ja, Unabhängigkeit nein. Die südafrikanische Politik soll mit dieser Politik des kontrollierten Konflikts unter ständigem Druck gehalten werden, die Homelands zu entwickeln, Schulen und Ausbildungsstätten für technische Fachleute einzurichten, Industrie anzusiedeln, die Produktivität der Landwirtschaft erhöhen zu helfen, — kurzum Entwicklungshilfe aller Art zu leisten, damit die Schwarzen die Fähigkeit der Selbstregierung erwerben. Im schlimmsten Falle könnten sie dann allein weiterkommen, im besseren an den politischen und wirtschaftlichen Vorzügen teilnehmen, die ein gemeinsamer südafrikanischer Bundesstaat allen, den Weißen,

Braunen und Schwarzen, bieten könnte. Deshalb hält Buthelezi Entwicklungshilfe westlicher Staaten für die Homelands für sehr erwünscht. In den Homelands zu investieren heiße nicht, die Politik der Apartheid zu unterschreiben. Eine Politik des Boykotts der Homelands sei falsch, weil sie gerade die Schwarzen Südafrikas am meisten träfe und weil sie die Handhaben für eine Umkehrung der Apartheid-Politik verschmähe.

Soweto — eine Schule der Feindschaften

Von der Verzweiflung der schwarzen Eltern zum Haß ihrer Kinder

Johannesburg. — Orlando High School, eine der frühesten höheren Schulen für Schwarze im Gebiet von Johannesburg, liegt an der Straße nach Soweto. Hinter einer schäbigen Mauer ein schäbiger Platz voll Brennesseln und anderem Unkraut. Die einstöckigen Schulgebäude sind verwahrlost, einige verbrannt. Die Wellblechdächer hängen, durchgeglüht und durchgebogen, über geschwärzten Mauern. Schon ein Jahr ist es her, daß durch Soweto der Aufruhr stürmte. Doch zu Aufräumungsarbeiten hat es noch nicht gereicht. Die Behörden zeigen keine Eile oder haben kein Geld. Aber auch die Schule selbst, das Kollegium, die Schüler, scheinen nicht daran zu denken, selbst anzufassen, den Platz herzurichten und den Wiederaufbau vorzubereiten. Die Trägheit und die mangelnde Initiative lassen ahnen, wie hoffnungslos die Bewohner dieser Stadt jeden Morgen aufstehen — oder wie sehr das Leben unter den Bedingungen von Soweto den natürlichen Antrieb, das eigene Leben zu verbessern, ausgespannt hat. Immerhin kommen seit Jahresanfang die Schüler wieder zum Unterricht. Der Boykott hat sich, nach einem halben Jahr, erschöpft. Die Schüler der obersten Klasse haben sich auch für das Schlußexamen wieder eingestellt, die meisten wenigstens. Eine gewisse Beruhigung läßt sich davon ablesen. Aber das läßt, so warnen alle, die regelmäßigen Kontakt zur schwarzen Bevölkerung halten, keine beruhigenden Schlußfolgerungen zu.

Es ist nicht ganz einfach, nach Soweto zu kommen für jemand, der nicht schwarzer Farbe ist. Man braucht einen Erlaubnisschein der ,,West Rand Bantu Affairs Administration". Er wird ausgestellt nur für wenige Stunden eines bestimmten Tages, zum ,,ausschließlichen Zwecke" etwa des Besuches von Gemeindeeinrichtungen. Wenn er für einen anderen Zweck verwendet werden sollte (das könnte schon der Besuch einer Familie sein), so ist weiter zu lesen, macht sich der Inhaber des Erlaubnisscheines strafbar. Der Ausweis muß auf Verlangen vorgewiesen werden ,,und kann jederzeit ohne Angabe von Gründen eingezogen werden", Stempel und Unterschrift. Wer es liest, könnte meinen, es sei ihm, ausnahmsweise, der Besuch eines Gefängnisses gestattet worden.

Soweto — Abkürzung für ,,Southwestern Township" — liegt etwa 15 Kilometer südwestlich Johannesburgs. Es ist ein Gebiet von 24 Quadratmeilen, mit etwa einer Million, vielleicht auch 1,2 Millionen schwarzer Einwohner. Eine Großstadt also, könnte man meinen, in Wirklichkeit aber ein offenes Hügelland, das besetzt ist mit Tausenden kleiner, meist einstöckiger Häuschen, die fast allesamt nach wenigen Einheitsgrundrissen, mit zwei oder vier Schlafkammern, gebaut worden sind. Die meisten Straßen sind ohne feste Decke, ohne Bäume, auch fast ohne Beleuchtung. Es gibt etwa hunderttausend solcher Häuschen, meist in Backstein oder Bimsstein, meist ohne Außen- oder Innenverputz, ohne innere Türen, ohne Decken unter dem Dach und mit blanken Zementfußböden. Nur zwanzigtausend Häuschen haben elektrisches Licht. Die anderen Bewohner brennen Petroleum und kochen auf Braunkohle. Der Rauch liegt über der ganzen Stadt.

Im statistischen Durchschnitt leben mehr als 10 Personen in diesen zwei oder vier Räumen. Wohnzimmer sind nirgends vorgesehen. In manchen Straßen haben die Bewohner einen Schuppen angebaut und im Garten Blumen angepflanzt. Aber die meisten Häuser stehen so kahl und trostlos in ihrer ungepflegten Einförmigkeit, wie die Regierung sie errichtete. Es kostete tausend bis zweitausend Rand, sie zu bauen. Die Miete beträgt, je nach Größe und Einkommen, meist zwischen 8 und 12 Rand pro Monat, und das Monatseinkommen der meisten Arbeiter liegt zwischen einhundert bis einhundertachtzig Rand (etwa 200 bis 350 Mark Kaufkraft). Etwa ebensoviel wie für die Miete dürften die meisten für die langen Bahn- und Busfahrten zu den Arbeitsplätzen in der Stadt oder ins Industriegebiet ausgeben müssen — ein Zuschlag, den man zu den Mieten hinzurechnen sollte, um die Wohnkosten an einem Platz wie Soweto zu überschlagen. Die meisten Bewohner existieren an der Minimallinie der Selbsterhaltung entlang.

Stundenlang dauert die Fahrt durch Soweto. Nach einer Weile fällt dem Besucher auf, daß es so gut wie keine Läden gibt. Er bemerkte an diesem Vormittag nur drei, einen oben, an dem großen Platz, wo auch das Kino steht und der Versammlungssaal einer Kirchengemeinde. Doch vor dem Gebäude ist ein gewaltiger Haufen Haushaltabfälle. Ein Pferd stochert darin herum und sucht sich Futter. Einen Augenblick ist dieses elende Pferd, das sich wie ein Schwein ernähren muß, Ausdruck dieser Stadt. Denn was die Menschen denken, fühlen, ist nicht so augenfällig. Kinder und Jugendliche sind in großer Zahl auf den Straßen beim Fußballspiel, Frauen beim Wäscheaufhängen. Aber nirgends sieht man einen Spielplatz, einen grünen Rasen, nirgends eine Stelle, die man gern aufsuchen wollte, weil man da auch andere treffen könnte. Nirgends auch ein Gasthaus.

Der Eindruck mag täuschen. Wenn es solche Einrichtungen geben sollte, so jedenfalls so selten, daß man sie bei zweistündiger Durchfahrt nicht bemerkt. Was es gibt, aber das kann man nicht sehen, sind heimliche, illegitime Kneipen in Häusern, „Shebeens", in denen die schwarzen Arbeiter einen Teil ihres Einkommens lassen. Alkoholismus ist eines der Hauptlaster dieser „Städte".

Die Trostlosigkeit dieser hunderttausend Häuschen wird noch übertroffen von den Wohnheimen am Rande — mehrere hundert Meter lange Gebäude parallel nebeneinander. In diesen Kasernen herrscht die Freudlosigkeit eines Lagers. Tausende alleinstehender Männer sind darin untergebracht. Es sind Wanderarbeiter für die Industrie am Witwatersrand. Ihre Familien leben in den Stammesgebieten, oft viele Hundert Kilometer entfernt, im Kral. Sie dürfen nicht hierherziehen. Einmal im Jahr müssen die Männer für drei Wochen nach Hause fahren, dann nämlich, wenn ihr stets nur auf ein Jahr begrenzter Arbeitskontrakt abgelaufen ist und sie binnen zweiundsiebzig weiterer Stunden das Recht der Anwesenheit im Stadtgebiet von Johannesburg verlieren. Sie müssen dann in ihren Heimatländern warten, bis der Arbeitgeber sie neu, mit Hilfe der Behörde, anfordert. Wanderarbeiter dürfen, praktisch zeitlebens, keine andere Art der Arbeit annehmen, als die, die sie einmal bekommen haben. Sie dürfen auch nicht Mieter eines Hauses und nicht in der Stadt seßhaft werden.

Nach der älteren Gesetzgebung, vor 1968, war es immerhin möglich gewesen, unter erschwerten Umständen ein Dauerwohnrecht zu begründen. Damals gab es noch nicht die vom Gesetz her vorgeschriebenen, auf ein Jahr befristeten Arbeitsverträge. Wenn dann einer, zum Beispiel, zehn Jahre immer für denselben Arbeitgeber in derselben Fabrik gearbeitet hatte oder 15 Jahre am selben Ort arbeitete oder schon hier geboren war und seither ohne Unterbrechung hier gewohnt hatte, dann war er für ein Dauerwohnrecht qualifiziert. Unterbrechung des

Wohnsitzes oder Wechsel des Arbeitsplatzes oder Entlassung, aus was für Gründen auch immer, bedeutete aber, daß man alle bisherigen Anwartschaften verlor und mit der Begründung eines Anspruches auf Dauerwohnrecht, wie beim „Mensch ärgere Dich nicht" wieder ganz von vorn anfangen mußte.

Die ökonomischen Kosten dieser Politik sind kaum abzuschätzen. Eine Schätzung geht so weit, daß das Sozialprodukt der Republik Südafrika heute dreimal größer sein könnte, als es jetzt ist, wenn man 1948, beim Sieg der Nationalen Partei, auf Zusammenarbeit und Integration gesetzt hätte statt auf Apartheid und „getrennte Entwicklung".

Greifbarer sind die „menschlichen Kosten". Bischof Manus Buthelezi, ein schwarzer Lutheraner, der in Soweto wohnt (wohnen muß), wie auch alle Angehörigen gehobener Berufe, deren Einkommen es gestatten würde, in besserer Umgebung zu leben, schildert das Leben eines Wanderarbeiters so: Sofern er in Arbeit und Brot bleibt und seine Familie ernähren will, ist das ein Leben in ständiger Trennung von der Familie. Ein Mann, der zwanzig Jahre verheiratet ist, lebt dann insgesamt etwa zwei Jahre tatsächlich mit seiner Frau und seinen Kindern, die er nur als Gast zu Hause kennt, ein Fremder im Kral, aber auch ein Fremder in der Stadt. Es fällt nicht schwer, sich die Folgen für diese Familien vorzustellen. Tausende zerbrochener Ehen, Männer, die sich in der Stadt eine zweite Frau suchen, Kinder, die von einem Onkel anstelle des Vaters erzogen werden.

Dennoch erzeugt das System der Wanderarbeiter, wegen des großen Überangebotes an ungelernten Arbeitern, gehorsame Arbeitskräfte. Arbeit zu haben bedeutet nicht nur, Geld zu haben, mit dem man die Familie zu Hause ernähren kann, sondern auch Wohnerlaubnis in städtischen Gebieten. Entlassung heißt Abschiebung aufs Land und mühevolle Arbeitssuche gegen starke Konkurrenz anderer. Darin lag einer der Gründe, warum die Bewohner der Männerheime sich während der Unruhen in Soweto gegen die randalierenden Jugendlichen wandten. Die Bewohner der Männerheime mit ihrem ländlichen Hintergrund und der Sorge um Arbeitsplatz und das temporäre Wohnrecht verstanden nicht, was die Schüler und Studenten wollten, die einerseits schon urbanisiert waren, andererseits aber, wie Jugendliche eben, dachten, nichts Wertvolles zu verlieren zu haben, wenn sie auf die Straße gehen.

Im Winter 1967/77 gründeten Industrielle in Johannesburg auf Initiative von Harry Oppenheimer, dem Vorsitzenden der „Anglo-American Cooperation", des größten Industrie-Unternehmens des Landes, eine „Urban Foundation", eine Stiftung zur Untersuchung und zur Verbesserung der Lebensverhältnisse der Schwarzen in den Townships der großen Städte. Die Unruhen des Jahres 1976 hatten den Anstoß gegeben. Auf einer Konferenz Ende Dezember 1976 brachten Wissenschaftler Grundfragen zur Sprache.

Eine davon ist die Außerkraftsetzung der Funktion der Stadt in den Townships für Schwarze und für Farbige. Gemeint ist damit der Effekt, daß in einer Stadt gewöhnlich alle Teile der Bürgerschaft sich gegenseitig verstärken und verbessern helfen, die Armen die Reichen und die Reichen die Armen. Alle Vorteile des städtischen Lebens, vor allem Dienstleistungen, das größere Warenangebot, Einrichtungen für Erholung und Unterhaltung, Bildungsinstitutionen sind da zu wesentlich niedrigeren Kosten verfügbar, weil sie besser genutzt werden können. Soweto aber — und die anderen Townships — sind Städte nur für Arme, wo deshalb selbst, zunächst verblüffend, die Lebensmittel in den Läden bis zu einem Drittel teurer sind als in Johannesburg. Der Umsatz ist zu gering; Kapitalbildung des Ladeninhabers ist erschwert, die Vorratshaltung deshalb beschränkt, das Angebot verkürzt. Dies wieder trägt zur Beschränkung des Umsatzes bei. Dazu kommt die Monopolstellung dieser Läden. Wer hier kaufen muß, weil er nicht zur Arbeit in die Stadt fährt, muß zahlen, was der Händler von denen verlangt, die nicht in die Stadt ausweichen können. Die ärmeren der Armen müssen teurer leben. Der ersparte Omnibus-Fahrschein wird auf die Preise aufgeschlagen.

Ein anderes Kennzeichen des Lebens in Soweto ist seine Vorläufigkeit. Die Häuser gehören der Behörde. Sie verfügt, ob und wie lange einer ein Haus bewohnen darf. Die Wohnungsanweisung gilt jeweils immer nur für den nächsten Monat. Keiner der Bewohner konnte bisher sein Häuschen erwerben. Deshalb investierten auch die meisten nichts in die Verbesserung oder Verschönerung ihrer Häuser. So kommen die Häuschen schnell herunter; die Unterhaltskosten für den Staat steigen, mindestens rechnerisch, auch wenn er Reparaturen unterläßt und dies Geld nicht ausgibt. Die sogenannte „billige Unterkunft" ist in Wirklichkeit teurer, als wenn man den Bewohnern gestattete, ihre Häuschen in Mietkauf zu erwerben und mit dem Hauserwerb Vermögensbildung zu erlauben. Aber das hieße dann auch, ein Wohnrecht zu begründen, und dies bedeutete das weiße Eingeständnis dauernder Anwesenheit der Schwarzen in den Städten.

Seit kurzem gibt es nun ein Gesetz, das es Schwarzen erlaubt, für 30 Jahre in der Form einer Erbpacht ihr Häuschen zeitweilig zu erwerben. Aber diese Erbpacht betrifft nicht Grund und Boden, was das ganze Gesetz zu einer juristischen Absurdität macht. So konnte es bisher auch keinen Anreiz zum Erwerb eines Hauses ausüben. Eine der Bemühungen der „Urban Foundation" ist darauf gerichtet, dieses Gesetz zu novellieren. Der einzig interessante Aspekt dieses mißglückten Gesetzes ist, daß es still die Anerkennung enthält, daß die schwarzen Arbeiter nicht „Gäste", sondern als Dauermitglieder der südafrikanischen Industriegesellschaft anzusehen sind.

Ein anderes Übel ist die Überfüllung der Häuser. In Soweto warten, nach Angaben des Abgeordneten Waddell in der Vertrauensdebatte des Parlaments zu Anfang des Jahres, 17 000 Familien auf Häuser. Dies sind nur die registrierten Anwärter. Viele mehr möchten hier wohnen, aber erhalten auf keinen Fall ein Wohnrecht. Im Jahr 1976 wurden nur 197 Häuschen neu gebaut, weil die Etatansätze gekürzt werden mußten. Die Durchschnittsbelegung von mehr als 10 Personen pro Haus, in wenigen Schlafzimmern, führt zu einer Reihe von ernsten Folgen: Verminderte Arbeitskraft aus Mangel an Schlaf oder Ruhe der Eltern, Inzest mit heranwachsenden Kindern, hohe Scheidungsraten auf Grund der vermehrten Reibungen so vieler Personen auf so engem Raum, Trunkenheit als Ausdruck der Verzweiflung von Eltern, die alle Hoffnung verloren haben, sich in ihrem Hause zurückziehen zu können, Schulschwierigkeiten der Kinder, die keinen Platz und keine Stille finden, ihre Hausaufgaben zu erledigen und zu studieren.

Professor Laurie Schlemmer von der Universität Natal, seit Jahren mit soziologischen Studien unter der schwarzen und farbigen Bevölkerung beschäftigt, berichtete auf dem Kongreß, daß in den Townships das Netzwerk privater Beziehungen und Freundschaften besonders schwach entwickelt sei, unvergleichlich viel schwächer als etwa in Arbeiterwohngemeinden in anderen Industriegesellschaften. Es gebe einen großen Mangel an Führung und Gemeindeleben, dazu ein Gefühl, vollkommen von der Bürokratie kontrolliert zu sein, wie man das sonst nur aus sozialistischen Gesellschaften kenne. Langeweile und Einförmigkeit seien in den Townships geradezu organisiert worden. Es fehle an Erholungsmöglichkeiten. Außer Fußball, illegalen Kneipen, Trinken mit Freunden und einigen Filmen für die Jüngeren gebe es kaum etwas anderes, vor allem keine andere Anregung für die Verwendung freier Zeit. Umfragen in den Townships hätten ergeben, daß ein „fundamentales Mißtrauen" der Schwarzen in das „System" entstanden sei. Dies Mißtrauen verdächtige selbst unabsichtliche Versäumnisse des Systems, von denen angenommen wird, daß sie nur zu dem Zweck erfunden seien, die Schwarzen zu demütigen. Straßen in den Townships sind dann nicht einfach schmutzig, sondern sie sind schmutzig, weil die Behörden sie absichtlich schmutzig halten wollen. Die Mieten der Häuser gelten als exorbitant hoch, gemessen an ihrer Qualität. Zugleich besteht, als Folge der Trennung und der wachsenden Unkenntnis voneinander, die Vorstellung, die Weißen könnten ein schönes Einfamilienhaus in den hübscheren weißen Wohngegenden um denselben Preis von ein- oder zweitausend Rand erwerben, zu denen die Regierung hier diese schäbigen Häuschen baue.

Das Mißtrauen, so ergaben die Untersuchungen, ist besonders groß unter den Jugendlichen in Soweto. „Beinahe alles ist politisch geworden," heißt es in dem Bericht. Die jugendlichen Bewohner der Townships unterschieden nicht mehr, was die Folge von Kräften des Marktes, von Schlamperei und planvoller Absicht sei. Alles Üble werde mittlerweile dem „System" als böser Wille zugeschrieben.

Das bedeutet, daß die Jugendlichen nicht mehr über Teilprobleme der Townships mit sich reden lassen wollen, auch nicht mehr an Teilverbesserungen und damit an Evolution interessiert sind. „Eine bedeutende Zahl unter ihnen ist an den Punkt gekommen, wo die Zukunft nur noch als nackte, beinahe puritanische Festlegung auf den Kampf" gesehen werden kann. Diese Entschlossenheit zum Kampf unter den Jugendlichen von Soweto übertrifft jetzt alle jene Ängste und Erwartungen, die ursprünglich die Quelle der Unzufriedenheit gewesen waren. Die Unzufriedenheit hat sich in den Unruhen des Jahres 1976 potenziert. „Sie denken in Begriffen eines kollektiven Kampfes, selbst auf Kosten der Selbstvernichtung". Sie seien, so erläuterte Professor Schlemmer, an einen Punkt gekommen, wo die Verhältnisse in Soweto sie schon gar nicht mehr berührten.

Das heißt aber auch, daß eine Reform dieser Verhältnisse keinen oder nur noch geringen politischen Eindruck, keine Hoffnung auf weitere Verbesserung schaffen würde.

Die Unzufriedenheit hat viele Quellen. Dazu gehört vor allem das Erziehungssystem, die schlecht qualifizierten Lehrer, die allzu großen Klassen, die hohen Raten des Schulversagens, das scharfe Anwachsen der Jugendarbeitslosigkeit in der Rezession, überhaupt die Zunahme der jugendlichen Einwohnerschaft in Wohnstädten wie Soweto, ohne daß die arbeitslosen Jugendlichen sich mit Spiel oder Sport beschäftigen könnten. Dazu kommt die Überfüllung der Häuser, die Verschlechterung der Beziehungen zwischen Eltern und Kindern, der Mangel an „privatem" Leben der Kinder in Familien, Enttäuschung über den Abbruch der politischen Hoffnungen, die in den letzten Jahren von weißen Politikern in hohen Ämtern geweckt worden waren, schließlich die Erweiterung des Horizontes der politischen Erwartungen im Gefolge der Entstehung eines „Schwarzen Selbstbewußtseins" und der Veränderungen in Angola, Mozambique und Rhodesien. Dies alles ist ein explosives Gemisch von Motiven, die sich in den Unruhen entdecken lassen.

Ein Teil der Jugendlichen wurde so in die Revolution, in den Kampf nicht nur gegen die Weißen, sondern auch gegen ihre eigenen Eltern und deren Streben nach Aufstieg in einen kleinbürgerlichen schwarzen „Mittelstand" getrieben. Einen anderen trieb es in die Kriminalität. Die Verbrechensrate ist erschreckend hoch. An Lohntagen werden die Vorortzüge heimgesucht von jugendlichen Banden, die den schwarzen Arbeitern auf dem Heimweg den Wochenlohn abnehmen. Die Häuser in Soweto sind nicht mehr sicher vor Einbruch und Raub.

Die Zustände sind so hart geworden, daß viele schwarze Eltern ihre Kinder nicht mehr bei sich behalten wollen, damit sie nicht von ihren Schul- und Spielkameraden zu Kriminellen ausgebildet werden. Es sind gerade die moralisch intakt gebliebenen Familien, die ihre Kinder für die Dauer der Schulzeit zu ihren Verwandten in die Stammesgebiete schicken. Doch die Townships zu verlassen, auf längere Zeit, und dabei zu versäumen, alle bürokratischen Vorkehrungen zu treffen, die die komplizierten Paßgesetze zur Beschränkung der Binnenwanderung vorschreiben, kann leicht dazu führen, daß die Kinder das Recht verlieren, aus den Stammesgebieten ins Haus ihrer Eltern zurückzukehren und in der Stadt Arbeit anzunehmen. Sie sind dann, mit der Tücke einer Gesetzgebung, die die meisten nicht ohne juristische Unterweisung verstehen, ihres Wohnrechtes verlustig gegangen und Bürger eines Homelands geworden, zu dem sie nicht gehören und wo sie nicht bleiben wollen und wo sie auch keine Arbeit finden. Ein Grund mehr, sich bedroht, wenn nicht gar betrogen zu fühlen. Und zu rebellieren.

Die Kunst, als Schwarzer nicht straffällig zu werden

Drei Beispiele aus der Praxis der Paß-Gesetze

Pretoria. — In einer der großen Städte Südafrikas wurde bei einer der üblichen Razzias in den Vorortzügen ein schwarzer Mann von der Polizei festgenommen, weil er sein Ausweisbuch nicht dabei hatte. Es steckte im Arbeitskittel, und der hing in der Fabrik. Der Mann spricht weder Afrikaans noch Englisch, nur die Sprache seines Stammes. Er kam vor Gericht, wurde des Verstoßes gegen die Paßgesetze angeklagt, und als er sich „schuldig" erklärt hatte, zu 25 Rand Strafe verurteilt. Das war ein ganzer Wochenlohn. Warum hatte er sich „schuldig" erklärt, da er doch ein Ausweisbuch besaß und berechtigt war, sich in der Stadt aufzuhalten? Der Mann kam vom Land; er war ein einfacher, ungebildeter Hilfsarbeiter. Vermutlich verstand er das ganze Gerichtsverfahren nicht und überblickte nicht die Bedeutung der Frage, ob er sich für schuldig oder unschuldig halte.

Jährlich werden mehrere Hunderttausend schwarze Einwohner Südafrikas, die außerhalb der Stammesgebiete Arbeit haben oder suchen, wegen Verstoßes gegen die Paßgesetze vor Gericht gestellt. In den letzten Jahren waren es stets vierhundert- bis fünfhunderttausend Fälle pro Jahr. Jeder Schwarze über 16 Jahre in den sogenannten „Weißen Gebieten", das heißt außerhalb der Stammesgebiete (der früheren eingeborenen Reservate), muß ein solches Paßbüchlein haben, aus dem hervorgeht, daß er entweder ein Dauerwohnrecht in den städtischen Gebieten besitzt oder ein zeitweiliges Wohnrecht als Wanderarbeiter für die Zeit seines Arbeitskontraktes für jeweils elf Monate. Nach der Rückkehr in das Stammesgebiet kann er von seinem Arbeitgeber neu angefordert und eingestellt werden. Der oben berichtete Fall ist relativ einfach und klar. Ein technisches Vergehen gegen das Gesetz wurde bestraft, ohne lange nach entlastenden Momenten zu forschen. Kann das genügen?

In dem Jahresbericht des Südafrikanischen Institutes für Rassenbeziehungen für das Jahr 1976 wird berichtet, daß die regionale Paß-Beratungsbehörde in Johannesburg vom zuständigen Kommissar für „Bantu-Angelegenheiten" in Johannesburg angewiesen worden ist, damit aufzuhören, Schwarzen individuelle Ratschläge „für die Verkürzung des bürokratischen Verfahrens" bei der Erlangung einer Aufenthaltserlaubnis zu geben. Die Behörde sei lediglich dazu da, „Bantus" zu vernehmen, die wegen Verstoßes gegen die Kontrollmaßnahmen festgenommen wurden. Der Tadel zeigt zweierlei: daß es im Appart der „getrennten Entwicklung" weiße Beamte gibt, die Schwarzen helfen wollen, damit sie nicht in den Hindernisverhauen der Gesetzgebung hängen bleiben, und ferner, daß solche Hilfe zu geben nicht im Sinne der Regierungspolitik ist. Zum stummen Teil der Apartheid-Politik scheint es zu gehören, den Schwarzen das Leben in den städtischen Gebieten der Weißen möglichst beschwerlich, möglichst unangenehm, ja sogar möglichst hart zu machen — damit möglichst viele schwarze Arbeitsuchende vom Zuzug aus den Stammesgebieten in die Städte abgeschreckt werden.

Doch nicht alles, was Schwarze und Farbige in dieser Politik zu erleiden haben, ist absichtsvolles Ergebnis der Politik, mit der die weiße Herrschaft über die andersfarbige Mehrheit aufrechterhalten werden soll. Vieles, was nach Akten der Rassendiskriminierung aussieht, gehört in Wirklichkeit auf das Konto der Industrialisierung und Urbanisierung eines bis zum zweiten Weltkrieg weithin agrarischen Landes. Ein Teil dieser Umwandlung ist die schmerzliche Wiederholung dessen, was auch andere Industrieländer während ihrer Entstehung haben durchmachen müssen: das Leben der Arbeiterschaft in Elendsvierteln, Arbeitslosigkeit, schlechte Löhne, Existenzbedingungen am Rande des Minimums bei gleichzeitiger Entwurzelung und Zerfall tradierter Verhaltens- und Wertnormen. Die Übervölkerung des flachen Landes und das Wachstum der Industriestädte haben überall, wo sie stattfanden, ähnliche Schub- und Zugwirkungen ausgeübt und eine Wanderungsbewegung von den entlegenen Dörfern in die Ballungsgebiete der Industrie hervorgerufen. Fast nie gelang es, diesen Vorgang so zu bremsen oder so kontrolliert ablaufen zu lassen, daß Massenelend vermieden werden konnte. Auch ist es fast nie gelungen, statt die Menschen in die Städte zu ziehen, die verarbeitende Industrie aufs Land zu schicken. Regierungen sind in solcher Lage versucht, die Binnenwanderung vom Land in die Städte dirigistisch zu kontrollieren, um größeres Massenelend in den Städten zu vermeiden. Gewöhnlich ist Armut auf dem Land besser auszuhalten als in der Stadt, weil dort die hergebrachte Sozialordnung den Schwächeren mehr Schutz bietet. Die grundsätzliche Legitimität einer Kontrolle der Wanderungsbewegung ist also eines, ihre Weisheit und ihr Erfolg im Vergleich zu einem frei sich bewegenden Arbeitsmarkt ein anderes.

Die in Südafrika gesetzlich beschlossene und geübte Praxis der Kontrolle der Wanderungsbewegung ist außerdem noch etwas Drittes. Zu dem Motiv, Elend zu mildern, kommt die machtpolitisch kalkulierte Absicht hinzu, zu verhindern, daß Schwarze städtisches Wohnrecht erwerben, oder es ihnen nach Möglichkeit wieder abzunehmen. Wie im Mittelalter der Satz galt: „Stadtluft macht frei“, so wird auch in Südafrika das städtische Wohnrecht für Schwarze im „weißen Gebiet“ als Anfang einer Entwicklung zum vollen politischen Bürgerrecht verstanden — und bekämpft. Das „System“ ist auf den Ausweg verfallen, seine schwarze Industriebevölkerung nach Art eines extensiven Fremdenpolizeirechts möglichst wie Ausländer zu behandeln.

In einer der großen Städte lernten wir einen etwa dreißigjährigen Schwarzen kennen, der mehrere Jahre eine Zeitschrift redigiert hatte. Er war vom Land gekommen, hatte in der Stadt eine Frau geheiratet, die städtisches Dauerwohnrecht besaß. Als der Verleger das Personal kürzen und ihn entlassen mußte, verfiel damit auch die Aufenthaltserlaubnis des jungen Mannes. Damit drohte ihm die Zurücksendung in ein Stammesgebiet. Er fand zwar wieder eine Arbeit bei einer Public-Relations-Firma, aber das Arbeitsverhältnis war illegal, und somit war damit auch kein neues, zeitweiliges Wohnrecht zustandegekommen. Um bei seiner Frau und seinen Kindern bleiben zu können und ratlos, sich anders zu helfen, suchte und fand er Hilfe bei schwarzen Kriminellen in seiner Township. Für dreißig Rand stempelte man ihm eine gefälschte Aufenthaltsgenehmigung in den Paß. Doch alsbald merkte er, daß er in die Fänge von Erpressern geraten war. Der Weg, sich bei der Paßbehörde zu offenbaren, war versperrt. Einfachen Leuten hätte die Behörde wohl straflos den Betrugsversuch nachgesehen, wenn sie dafür den Fälschern auf die Spur gekommen und Zeugen für die Anklage erhalten hätte. Dieser junge Mann dagegen war zu lange auf Schulen gewesen, um sich herausreden zu können, nicht gewußt zu haben, daß eine Fälschung eine Fälschung ist. Und zugleich war er auch den Fälschern zu wohl bekannt, um mit der Selbstanzeige die Fremdanzeige riskieren zu können. Sie würden ihn umbringen lassen. So stand ihm nur ein Weg offen: den gefährlich gewordenen Paß schleunigst zu „verlieren", mit der Verlustmeldung einen neuen zu beantragen, auch wenn das Abschiebung in ein Heimatland und Trennung von der Familie bedeutete, und dann von dort aus aufs neue zu versuchen, einen neuen Arbeitskontrakt in der Stadt zu erhalten. Nach der neueren Gesetzgebung würde er also bestenfalls nur für jeweils ein Jahr gelten. Niemals würde er den Status des Wanderarbeiters mit befristeter Aufenthaltserlaubnis überwinden können. Die Geschichte ist authentisch, doch haben wir alle Umstände, die zur Identifizierung des Mannes beitragen könnten, bis zur Unkenntlichkeit verändert.

Wenn dieser junge Mann auf seinen Antrag keine seinen Fähigkeiten entsprechende Arbeit am Wohnort von Frau und Kindern erhalten sollte — was macht er dann? Viele Tausende arbeitsloser Schwarzer, die in die Stammesgebiete zurückgeschickt wurden, sind in dieser Lage. Auch dort ist die Arbeitslosigkeit hoch. Viele Arbeitsuchende klagen darüber, daß ihnen das örtliche Arbeitsamt selbst nach vielen Monaten keine Arbeit in der Stadt anbieten konnte oder daß es nur Arbeit zu niedrigen Löhnen, zum Beispiel in der Landwirtschaft, gibt, von denen sie ihre Familien nicht ernähren können.

Viele ziehen dann vor, illegal in die Städte zu ziehen und illegale Anstellung zu suchen, die immer noch besser entlohnt wird. Daraus wird dann ein Leben in Angst. Sie können nicht da ihren Lebensunterhalt verdienen, wo sie wohnen dürfen, und erhalten keine Aufenthaltserlaubnis da, wo sie Arbeit haben. Aus dieser Illegalität finden sie nicht mehr heraus. Die Kräfte, die Gesetz und Ordnung aufrechterhalten müssen, die Polizei und die Gerichte, der Staat selbst, werden ihre bedrohlichsten Feinde. Es fällt nicht schwer, sich vorzustellen, wie kurz der Weg von hier aus bis in die Haltung geworden ist, in der man sich nur noch durch die Anwendung von Gewalt eine Verbesserung der eigenen Lebensbedingungen vorstellen kann.

Wie wohnt man in der Illegalität? Man schlüpft unter bei jemandem, der ein Haus hat. Ein Haus zu bekommen ist nicht einfach. Viele Familien sind dafür fünf, sieben, acht Jahre auf den Wartelisten und leben so lange getrennt als legale oder auch als illegale Untermieter im Häuschen eines anderen. Die Anwartschaft auf Mietung eines Hauses in einer „Township" hat grundsätzlich nur ein verheirateter Mann, wenn er über 21 Jahre alt ist, außerdem ein Dauerwohnrecht in einem städtischen Gebiet besitzt und seine Frau ebenfalls rechtmäßig in diesem Stadtgebiet wohnt. Nur dann gibt es einen Erlaubnisschein. Dieser gilt grundsätzlich für jeweils einen Monat. Binnen Monatsfrist kann jeder schwarzen Familie die Erlaubnis entzogen werden, ihr vom Staat errichtetes Haus zu bewohnen. Die Behörde kann die Erlaubnis jederzeit entziehen, wenn sich der Inhaber mißliebig gemacht hat. Nach dem Gesetz können Häuschen nicht vermietet werden an verheiratete Frauen oder an verheiratete Männer, die kein Dauerwohnrecht haben, selbst wenn ihre Frau es haben sollte. Solche Familien können nur als Untermieter bei einem anderen, und auch dies nur mit Erlaubnis der Behörde, einziehen. Witwen mit minderjährigen Kindern oder geschiedene Frauen verloren bislang mit ihrem Mann auch das Recht, in dessen Häuschen wohnen zu bleiben. Diese besondere Härte ist nun beseitigt worden — aber Witwen oder geschiedene Frauen mit Kindern können auf keinen Fall auf die Warteliste für ein Häuschen gesetzt werden.

Ab und zu gibt es im Morgengrauen Polizei-Razzien. Dann werden ganze Straßenzüge in Soweto oder anderen Townships abgeriegelt; Haus um Haus wird durchgekämmt. Einwohner, die nicht als rechtmäßige Bewohner des Hauses eingetragen sind, werden festgenommen. „Es wurde uns berichtet," so heißt es in einer Schilderung einer solchen Razzia, „daß die festgenommenen Personen mit Handschellen aneinandergeschlossen wurden und von der Polizei auf der Straße mitgeführt wurden, während sie Haus um Haus weiter durchsuchte." Der Einbruch ins Privatleben, die Verhaftung naher Angehöriger, der Ehefrauen und Kinder, und die Angst, die mit der plötzlichen Haussuchung in der Nacht erregt werden, „sind die Ursache großer Erregung unter den Schwarzen," heißt es mit kühler Untertreibung.

Auf solche und andere Weise sind in den letzten Jahren Hunderttausende mit den „Paßgesetzen" und der Wanderungskontrolle in Konflikt gekommen und vielfach mit kurzfristigen Gefängnisstrafen belegt worden. Ein großer Teil der schwarzen Bevölkerung ist so „straffällig" geworden. Die unbestreitbare Legitimität und die gleichzeitige Illegalität ihrer Handlung stehen in einem das Ansehen des Rechtes untergrabenden Gegensatz.

Ein anderer Fall: Ein junger Mann, der vor 19 Jahren in Pretoria geboren worden war und dessen Eltern beide Dauerwohnrecht in Pretoria hatten, als die ältere Gesetzgebung das noch ermöglicht hatte, war im Schulalter zu den Großeltern aufs Land geschickt worden, weil die Eltern beide arbeiteten, aber noch kein Haus hatten, wo sie zusammen wohnen konnten. Als die Großeltern starben, wollte der Junge zu seinen Eltern zurück nach Pretoria. Doch das Wohnrecht wurde ihm von den Behörden verweigert, weil er sein durch Geburt zustandegekommenes Wohnrecht in Pretoria nicht ununterbrochen in Pretoria wahrgenommen hatte. Nun wird er, Stadtkind in zweiter Generation, in ein Stammesgebiet und in die Stammesverbindungen zurückverwiesen, die für ihn keine lebendige Bedeutung haben. Fälle dieser Art sind in neuerer Zeit ziemlich häufig geworden, seitdem schwarze Eltern mehr und mehr bestrebt sind, ihre Kinder aus den Vorstadtgettos und dem Milieu der Unruhen, der blutigen Zusammenstöße mit der Polizei und der Verführung durch jugendliche Banden zu entziehen.

Diesen Fällen könnte man eine endlose Zahl anderer hinzufügen. Sie lassen erkennen, daß die sogenannte Bantu-Gesetzgebung und Bantu-Verwaltung es darauf abgesehen haben, die schwarze Stadtbevölkerung oder ihre Kinder nach Möglichkeit wieder auf das flache Land zurückzudrängen und ihnen das Dasein in den Städten so weit wie möglich zu vergraulen, selbst mit den Mitteln des Strafrechts und des Gefängnisses. Dennoch drängt die schwarze Bevölkerung, eine Generation nach der anderen, in die Städte zurück, wo es eher als auf dem Land Arbeit und Brot gibt. Die Geschichte der Paßgesetze und der Wanderungskontrolle ist die Geschichte von Menschen, die da nicht wohnen sollen oder dürfen, wo sie Arbeit finden, und dort, wo sie wohnen dürfen, keine Arbeit finden.

Ihr Verbrechen besteht darin, gegen das Gesetz mit Handlungen zu verstoßen, die die Ordnung eines höheren natürlichen Rechtes von ihnen verlangt: daß Männer ihren Frauen beistehen, ihren Familien ein Dach, Brot und Sicherheit geben, daß Frauen ihre Familien beisammen- und intakthalten wollen, daß Kinder vor allem von ihren Eltern, nicht Großeltern und Verwandten erzogen werden sollen. Der Widerspruch der offiziellen Politik besteht darin, die Arbeitskraft dieser Menschen zu beanspruchen, aber ihnen mit allen Mitteln zu verwehren, ein Wohnrecht zu erwerben und ein Familienleben zu führen. Man drängt sie im Konflikt ihrer natürlichen und gesetzlichen Pflichten in die Illegalität und die moralisch weniger Gefestigten unter ihnen sogar in die Kriminalität.

In den Privatschulen wird die Apartheid abgebaut

Die Kirchen riskieren den Konflikt mit dem Staat

Pretoria. — Ein Mann, der zwei Tage zuvor aus Europa angekommen war, ging am Meer spazieren. Er war mit dem Auto aus Kapstadt herausgefahren, hatte die Küste erreicht, sich Schuhe und Strümpfe ausgezogen und lief durch den feuchten Sand, in einem Geschicklichkeitsspiel mit jeder neu auflaufenden Welle. Ein paar Familien mit kleinen Kindern waren da, die ihm nachschauten. Kleine braune Gesichter. Man grüßte sich. Der Strand war weithin leer. Weshalb schauten sie ihm nach? Plötzlich begriff er: Er war am falschen Strand. Er hatte an der falschen Stelle angehalten. Dieses Stück Strand war für „Nicht-Weiße". Sollte er nun gehen oder bleiben? Wenn er bliebe, so überlegte er, tat er da etwas, was die braunen Familien billigten, oder war es etwas, was sie provozierte? Da bemerkte er, wie sich der Keim einer Furcht in ihm regte. Unsinn, sagte er sich und ging weiter, zwang sich, befangen zwar, den Kindern zuzusehen, die nach Krebsen gruben, und möglichst freundlich auszuhalten, daß ihre Eltern ihn neugierig musterten.

Die Situation war völlig harmlos. Er wußte es nur nicht, weil er zu neu war. Nicht einen Augenblick gab es eine Gefahr. Doch was er am Strand erlebt hatte, so begriff er, war der winzige Anfang der Angst gewesen, die aus der Unkenntnis der anderen Gruppe, der anderen „Rasse" kommt, deren Reaktion man nicht einzuschätzen weiß. Die Segregation vermehrt die Schwierigkeit, einander richtig einzuschätzen. Planmäßige Rassentrennung vermehrt Unkenntnis und Angst und diese den Haß. Eine Politik, die die Fremdheit der Hautfarben durch Trennung absichtlich vermehrt, trägt in sich selbst den Grund, warum der erklärte Zweck der Apartheid, durch Trennung Gelegenheiten zu Konflikten zu vermindern, verfehlt wird. Was sie verhindern will, führt sie herbei. Das Erlebnis am Strand, in seiner kaum erzählenswerten Unscheinbarkeit, hatte, als Miniatur, einen Blick in die Mechanik der psychischen Reaktionen erlaubt.

Der Besucher erlebt in den folgenden Tagen mehrmals, wie „farbige" und weiße Kinder in bestimmten, noch nicht getrennten Stadtteilen Kapstadts auf der Straße miteinander spielen. Er erfuhr, daß auf den Farmen noch immer die Kinder des Farmers und der schwarzen Landarbeiter zusammen aufwachsen. Doch mit dem Beginn der Schule hört die Gemeinsamkeit der Erlebnisse endgültig auf. Von da an trennen sich die Wege, und in den segregierten Wohnvierteln der Städte gibt es nicht einmal dies. Die verschiedenen Gruppen der Einwohner, 4,2 Millionen Weiße, 2,3 Millionen „Farbige", 0,7 Millionen Inder, über 18 Millionen schwarze Afrikaner (nach den Angaben des statistischen Amtes für die Jahresmitte 1975), begegnen sich jetzt, nach fast 30 Jahren einer Politik fortschreitender, systematischer Rassentrennung, fast nur noch in den Beziehungen des Arbeitsverhältnisses: in den Grundfiguren von Herr und Knecht, von Boß und Personal, Gast und Kellner, von Amtsperson und Untertan ohne Bürgerrechte, von Polizist und — im Zweifel — Verdächtigem.

Die allen auferlegte Entfremdung zeigt in der zweiten Generation ihre Früchte. Der Konflikt unter den Schwarzen, der sich während der Unruhen im Sommer 1976 zwischen Eltern und Kindern in schwarzen und farbigen Vorstädten abspielte, war unter anderem ein Konflikt zwischen den älteren, die die Weißen einst hatten näher kennenlernen können, und den jungen, denen die Weißen nur noch als gesichtsloses „System", als Apparat der Unterdrückung begegneten. Jugendliche in den schwarzen Gettos haben, bis sie zur Arbeit gehen, kaum andere Weiße kennengelernt als den örtlichen Beamten der „Bantu-Administration" oder die Polizei.

Den jungen Polizisten geht es umgekehrt nicht viel anders. Niemand weiß, wer im Sommer 1976, am 16. August, in Soweto den ersten Schuß abgegeben hat. Niemand hat anscheinend den Befehl dazu gegeben, und doch endete der Demonstrationszug der schwarzen Schulkinder in einem Blutbad. Die Polizei sei sehr nervös gewesen, wird berichtet. Doch das kann nicht genügen, das Massaker zu erklären, weder auf der einen noch auf der anderen Seite. Es kann nicht ausgeschlossen werden, daß unter den Organisatoren des Demonstrationszuges Führer waren, die einen Zusammenstoß riskieren wollten. Die Nervosität der Polizei ist auch nicht abtrennbar von einer Ausbildung und einer Polizeiführung, die offenbar nicht üben läßt, Unruhen mit anderen als dem allerletzten Mittel des Feuerstoßes aus Maschinenwaffen zu unterdrücken. Die Kugel aus dem Gewehr sei die einzige Sprache, die die Schwarzen verstehen, heißt es bei manchen Weißen. Und die Regierung verhält sich so, als meinte auch sie das. Gewalt ist die einzige Sprache, die die Weißen verstehen, lautet mittlerweile das Echo aus dem entgegengesetzten, dem radikalen Lager unter den Schwarzen Südafrikas. Die Trennung hat über die Jahre die Möglichkeiten anderer Verständigung verkümmern lassen. Man sieht sich gegenseitig in Droh- und Kampfstellung.

Doch zugleich wird die fortgeschrittene Polarisierung zwischen Schwarz und Weiß bis weit in die Anhängerschaft der

Nationalen Partei, des Fundaments der Regierung, beklagt, ohne daß sie als Frucht der Politik der „getrennten Entwicklung" verstanden wird, wie die konsequente Ausformung der ursprünglichen „Apartheid"-Politik offiziell genannt wird.

Das Erziehungswesen gehört, neben der Trennung der Wohnviertel, der Kontrolle der Binnenwanderung schwarzer Arbeitskräfte und der Vorenthaltung politischer Bürgerrechte, zu den strategischen Punkten der Politik der „getrennten Entwicklung" in Südafrika.

Die Auseinandersetzung um die Schulpolitik wird vor allem von den konfessionellen Privatschulen geführt. Denn in den Schulen kann es noch einmal möglich werden, Brücken über die Abgründe der Entfremdung zu schlagen und der gefährlich wachsenden Polarisierung entgegenzuarbeiten. Die Aufsichtsbehörden spielen dabei eine widerspruchsvolle Rolle. Sie scheinen die Verletzung der Farbenschranke zu dulden, drohen aber zugleich mit der Schließung.

Die Katholiken haben sich in der Schulpolitik am weitesten vorgewagt. Andere private Konfessionsschulen folgen, zum Beispiel eine protestantische höhere Schule in der Provinz Transvaal. Sie ist durch ihren Standort auf eine der drei Hautfarben (weiß, braun und schwarz) festgelegt, der der umgebende Stadtteil zum Wohnen angewiesen wurde. Der Direktor entschloß sich vor zwei Jahren, auch Kinder der beiden anderen Farben aufzunehmen. Mit Hilfe von Stipendien konnten in seinem Internat auch Schüler aus Soweto aufgenommen werden, die nach den Unruhen des Jahres 1976 ausgesucht worden waren. Die staatliche Schulinspektion nimmt den Verstoß still hin, verspricht auch weiterhin stillzuhalten, unter der Bedingung, daß der Direktor darüber nichts in die Zeitungen kommen läßt. Wenn der Verstoß publik werden sollte, so wurde ihm bedeutet, würde die Behörde die Beachtung des Gesetzes erzwingen. Dies ist der Grund, warum dieser Bericht die Schule nicht so beschreiben kann, daß sie identifizierbar wird. Der Berichterstatter wird damit selbst gezwungen, statt zu berichten, politisch abzuwägen, ob es auf die Dauer fruchtbarer und wichtiger ist, daß diese Schule in dieser Form weiterarbeiten kann, oder daß darüber offen gesprochen wird und Nachahmung findet — auf das Risiko hin, daß das bisher heimlich Mögliche ausgetreten wird. Es geht ja nicht nur um ein Prinzip, sondern darum, lebendigen Kindern dreier Hautfarben in ihren formativen Jahren die Erfahrung zu erlauben, daß jedes von ihnen mehr und anderes ist als Vertreter eines ,,Systems" weißer Vorherrschaft oder eines Gegensystems ,,schwarzer Macht" (Black Power). Dagegen läßt sich wiederum einwenden, daß heimliche Verstöße nicht viel nützen, weil sie nicht gesehen werden und also auch keine Zuversicht und keine Hoffnung auf die Änderung des Systems wecken können. Wegen ihrer Heimlichkeit können sie nicht zur Dämpfung des wachsenden Radikalismus der Schwarzen beitragen.

In solchen, von jeder Seite her anzweifelbaren Überlegungen entstehen seltsame, heimliche Allianzen, wie die zwischen dem weißen christlichen Schuldirektor, der im Unterricht dem Geist der Gewalt entgegenarbeitet, aber Veränderungen will, einem offen das eine erklärende und heimlich das Gegenteil duldenden Schulinspektor der Regierungspartei und schließlich auch dem sich an der Verdunklung des Vorgangs beteiligenden ausländischen Berichterstatters. Wer solche schrägen Allianzen schon einmal erlebt hat, erkennt darin einen Staat wieder, dessen Gesetzgebung zwar rechtsförmig zustandegekommen sein mag, der aber, weil er Menschenrechte angreift, seine Bürger vor Loyalitätskonflikte stellt. Gehorsam gegenüber dem Gesetz reduziert sich dann auf das Gebot der Güterabwägung, der gewöhnlichen Klugheit.

Die Schulpolitik der katholischen Kirche ist der hier beschriebenen protestantischen Schule um eine Kategorie der Publizität voraus. Publizität, wenn einmal groß genug, bedeutet schon wieder Schutz. Die katholischen Bischöfe Südafrikas haben seit 1952 in ihren Hirtenbriefen ihren Gläubigen immer wieder zu erklären versucht, daß die Segregation in den katholischen Schulen dem Evangelium widerspreche. Sie war üblich. Seit einigen Jahren wird sie langsam, aber systematisch abgebaut, in dem Tempo, in dem die Eltern dafür gewonnen werden. Seit 1973 regten sich in der Kirche Kräfte, die eine Öffnung der katholischen Schulen verlangten. Wenig später fragte die Regierung sogar an, ob katholische Schulen in Transvaal bereit wären, die Kinder des Botschafters von Malavi aufzunehmen, der beanspruchte, daß seine Kinder wie andere, wie weiße Diplomaten-Kinder behandelt und von der südafrikanischen Rassengesetzgebung exemptiert werden.

Die Bischöfe waren nur zu gern bereit, der Regierung behilflich zu sein und damit ein Präzedens zu schaffen. 1975 wurden die ersten Beschlüsse zu einer Öffnung der katholischen Privatschulen gefaßt; 1976 wurden die ersten schwarzen Kinder südafrikanischer Bürger in zwei „weiße" Schulen in Johannesburg und Kapstadt aufgenommen, unter den Augen der Aufsichtsbehörden. Im September 1976, nach den Soweto-Unruhen, gingen die Bischöfe weiter und verlangten über das katholische Schulwesen hinaus „ein gleiches und offenes Erziehungswesen für alle", in der Absicht, sich mit den schwarzen Bevölkerungsgruppen des Landes solidarisch zu erklären und besonders mit den Schülern, deren Protest sich gegen das minderwertige System der „Bantu-Erziehung" richtete. Für das neue Schuljahr 1976/77 wurden schwarze Kinder an 30 bisher weißen katholischen Schulen erstmals zugelassen. Das Jahr 1977 sollte dazu benutzt werden, in den Schulen, Lehrkörpern und Elternschaften die Öffnung aller katholischen Schulen für alle Hautfarben im Jahre 1978 vorzubereiten.

Es war dieser aufs Ganze zielende Schritt, der die Regierung und die andern Kirchen in Bewegung brachte. Die Regierungen der Provinz Transvaal und der Kap-Provinz drohten den katholischen Schulen mit Entzug der Unterrichtserlaubnis und den Eltern mit Strafverfolgung. Der Moderator der niederländisch-reformierten Kirche, Vorster, bezeichnete das katholische Vorgehen als gesetzwidrig. Die Anglikaner, Methodisten, Congregationalisten und einige jüdische Rabbiner unterstützten öffentlich die Haltung der katholischen Bischöfe. Diese appellierten an die Zentralregierung. Im Februar berieten die Bischöfe aufs neue und beschlossen, auf ihrem Weg nicht umzukehren, aber nach Möglichkeit den Kontakt zur Regierung nicht abreißen zu lassen. „Die Bischöfe verhandeln nicht über das Prinzip, die Schulen zu öffnen, aber sie sind bereit, mit der Regierung darüber zu sprechen, wie sie es verwirklichen werden," so erklärte in Pretoria Pater Scholten, der Sekretär der Bischofskonferenz, die Haltung der Kirche. Das erklärte Ziel ist, 1978 etwa 15 Prozent der Plätze in bislang weißen katholischen Schulen schwarzen Kindern zur Verfügung zu stellen. Das geht oft nur mit Hilfe von Stipendien, für die sie Spenden, auch der deutschen Kirche, brauchen. Und dann soll von Jahr zu Jahr das Verhältnis schwarzer und weißer Schüler in diesen Schulen so verändert werden, bis es dem Verhältnis der Gesamtbevölkerung entspricht, 80 Prozent Schwarze und 20 Prozent Weiße.

Das ganze Vorhaben ist eine Geschicklichkeitsprobe. Regierung und Regierungspartei sollen unter dauerndem Veränderungsdruck gehalten werden, aber mit einer Feinregulierung, bei der bis an die Grenze vorgefahren wird, wo das Regime mit äußerstem Widerwillen Konzessionen macht, ehe die

Kalkulation der Vor- und Nachteile dieser Veränderungen umschlägt in zornige Verweigerung und den Rückfall in verbitterten Selbstbehauptungswillen des Burentums. Denn diese Verbitterung wäre eine Hauptstraße in den Untergang des weißen Afrikanertums.

Umwege zu gleichem Lohn für gleiche Arbeit

Berufsbildung als Hebel gegen die Job-Reservierung

Johannesburg. — Boksburg ist eine der Vorortgemeinden von Johannesburg, dicht beim Flughafen. Bis vor einigen Jahren gab es da eine große Siedlung für schwarze Arbeiter. Dann hatte die Regierung im Zug ihrer Rassentrennungs-Politik die Farbe des Bezirks geändert, von schwarz zu braun („coloured"). Das bedeutete, daß die schwarzen Bewohner ausgewiesen und umquartiert wurden und an ihrer Stelle Mischlinge in die Häuser einzogen — Mischlinge, die ihrerseits aus Stadtvierteln ausgewiesen wurden, die inzwischen für „weiß" erklärt worden waren.

Es war schon dunkel, als wir an dem katholischen Gemeindezentrum von Boksburg ankamen. Innerhalb einer Viertelstunde war die Statue des Heiligen Franziskus eingezwängt zwischen lauter Autos und Kleinomnibussen. Mehrere Hundert schwarze und braune Männer und Frauen drängten in die Säle zum Abendunterricht. Drei Kurse in Buchhaltung, ein Grundkurs in Englisch, einer in Afrikaans, der Buren-Sprache, zwei in Mathematik, ferner Klassen für Geographie und Schreibmaschine. Ein Teil der Lehrer war schwarz, die meisten weiß, fast alle freiwillig und unbezahlt. Den Buchhaltungsunterricht zum Beispiel gaben Buchhalter, die tagsüber in Firmen arbeiten. Eine war eine Lehrerin, die tagsüber an einer Schule unterrichtet. Eine dritte war die Frau eines deutschen Industriellen. Den Schreibmaschinenunterricht und Englisch lehren zwei Franziskanerinnen, die eine von der resoluten Art, Typ Feldwebel, die andere, eine Sechzigjährige mit wasserhellen Augen und vielen Lachfalten — ein strahlend heiteres Gesicht, wie es nur entstehen kann, wenn man schon vor mehreren Jahrzehnten aufgehört hat, etwas haben oder werden zu wollen.

Den stärksten Eindruck machten die Schüler selbst, diese braunen und schwarzen Gesichter, wie sie in überfüllten Räumen, in dicker Luft, sechzig oder siebzig in einer Klasse, nach einem vollen Arbeitstag hier noch weiterarbeiteten und ungelenk abpinselten oder mitrechneten, was ihre Lehrer an die Tafel hinwarfen. Die Räume waren voll von Begierde, zu lernen und mit „Erziehung" das eigene Leben, das Einkommen, den Unterhalt ihrer Familien zu verbessern. Was das für ein Eifer ist, begreift man besser, wenn man sich ihren Tagesablauf vorstellt: Die meisten von ihnen müssen täglich um fünf Uhr morgens aufstehen, um bald nach sechs Uhr den Vorortzug nach Johannesburg zu erreichen. Nachmittags um vier Uhr ist gewöhnlich Feierabend, Rückkehr in die Vorstädte dann gegen sechs Uhr, danach Abendkurs. Gegen 10 Uhr sind sie wieder zurück.

Die meisten hatten niemals regelmäßigen Schulunterricht genossen. Die meisten saßen als Kinder nur zwei oder drei Jahre, wenige auch bis zu sechs Jahren auf einer Schulbank. Für die schwarzen und braunen Kinder Südafrikas gibt es noch immer keinen Schulzwang, und die staatlichen Schulen sind schlecht, mit viel zu großen Klassen. Vor allem sind die meisten Lehrer für die Schulen der Schwarzen und Braunen nicht genügend ausgebildet. Der Staat gab im Haushaltsjahr 1974/75 für Kinder in den schwarzen Schulen nur etwa 40 Rand pro Kopf aus, für Mischlingskinder 180 Rand und für weißhäutige

Kinder 705 Rand, das Vierzehnfache des Betrages für schwarze Kinder. Die Forderung nach ausreichender Erziehung, nach gleichen Bildungsmöglichkeiten für alle Hautfarben ist eine der zentralen Streitfragen der inneren Entwicklung Südafrikas. Eine gerechte Verteilung des Bildungsbudgets ist eine der Bedingungen für den Aufstieg der Schwarzen und Braunen zu gleichberechtigten Staatsbürgern desselben Staates. Dies zu werden steckt hinter dem Fleiß und dem Eifer, die dem Besucher von Boksburg als bewegendster Eindruck dieses Abends in die Augen springt.

Daneben bemerkt er etwas zweites: für die Dauer dieser Unterrichtsstunden kann die Farbentrennung vergessen werden. Die Schule ist in jeder Hinsicht freiwillig. Sie ist das Produkt freier Assoziationen von Schwarz und Weiß. Die Lehrer haben kein anderes Motiv, als zu helfen, und die erwachsenen Schüler kein anderes, als sich zu verbessern. Jeder dieser Unterrichtsabende setzt die übliche soziale Erfahrung außer Kraft, etwa die Unterschiede von Herr und Knecht, von Vorgesetztem und Untergebenem, von (weißen) Staatsbürgern und (schwarzen) Untertanen, auch die schaudern machende Kälte der Rassenbeziehungen, die der Besucher in den Straßen Johannesburgs fühlen kann. In der Franziskaner-Schule von Boksburg dagegen spürt man Respekt voreinander und die Gleichheit, die sich aus dem Verständnis aller als Kinder desselben Schöpfers ergibt. Man muß einige Wochen in Südafrika zugebracht haben, um zu verstehen, wie außerordentlich diese Erfahrung ist.

Die Franziskaner-Schule von Boksburg verstößt gegen das Gesetz des Landes. Es ist nicht zulässig, daß Mischlinge, Inder und Schwarze in derselben Schule, am selben Orte, unterrichtet werden. Es steht im Widerspruch zur Aufteilung städtischer Wohngebiete nach der Hautfarbe („Urban Areas Act").

Die Behörden wissen, daß hier das Gesetz gebrochen wird. Wenige Tage vor den Unruhen in Soweto, im Juni 1976, wurde die Schule aufgefordert, den gesetzwidrigen Zustand zu beenden; andernfalls werde das ganze Unternehmen geschlossen werden müssen. Beinahe wäre es so weit gekommen. Es bedurfte außerordentlicher Bemühungen vieler Stellen, darunter auch der Kirchen, der Industrie, die mit Spenden zum Unterhalt der Schule beitrug, und, so hört man, auch des deutschen Botschafters, das Projekt zu retten. Inzwischen ist die Gefahr der Schließung fürs erste wieder einmal abgewendet.

Die Geschichte dieser Schule ist ein einziges Abenteuer. Sie sagt ebensoviel aus über den Geist, der sie bewegt, wie auch über die südafrikanische Umgebung, in die sie eingepflanzt ist. Vor zehn Jahren, als die Dominikaner sich gezwungen sahen, die Pfarrstelle in Boksburg aufzugeben, interessierte sich ein irischer Franziskanerpater, bislang Spiritual des Priesterseminars der Diözese, für eine Aufgabe in der praktischen Seelsorge. Die Oberen beider Orden stimmten dem Wechsel zu. Der Franziskaner-Pater durfte die Pfarrei der Dominikaner übernehmen. Für den Gottesdienst fand er einen Saal vor. Das erste weitere Bedürfnis, das er entdeckte, war der Wunsch nach einer Gemeinde-Bibliothek. Das Geld beschaffte er sich, darin ganz Bettelmönch, mit dem Verkauf geschenkter Ausschußware einer Porzellanfabrik. Als die Anfänge der Bibliothek geschaffen waren, entdeckte er ein Bedürfnis nach Unterricht. Der Pater organisierte die ersten Abendkurse. Der Andrang wuchs, nicht nur aus Boksburg, sondern aus dem ganzen Umkreis; zehn und fünfzehn Kilometer weit her kamen die Schwarzen angereist. Er mußte erweitern. Er mußte bauen. Der Verkauf von Ausschußporzellan erwies sich als zu unergiebig. Jetzt begann er richtig zu betteln. Spenden wurden gesammelt, auch in Europa, bei „Misereor". Es wurde angebaut. Bald war Boksburg wieder zu eng geworden. Der Pater kaufte Baumaterial; seine Gemeinde half bauen. Immer war er in Geldnot. Er suchte Spender, kam in Kontakt zu Industriellen. Aber die waren weniger an allgemeiner Bildung, dafür um so mehr an Berufsausbildung interessiert. Wenn der Pater eine Lehrwerkstatt einrichten könnte, dann würden sie sich beteiligen, ließen sie ihn wissen. Also entschloß er sich zur Anfügung von Lehrwerkstätten.

Es wäre aber ein voreiliger Schluß zu meinen, die Industrie denke eben nur an sich. Die Forderung nach gleichem Lohn für gleiche Arbeit — eine Forderung im Munde aller, die das System der Rassendiskriminierung in Südafrika ändern wollen, bedeutet vor allem, die Schwarzen in die Lage zu versetzen, gleiche Arbeit wie Weiße zu leisten. Die Diskriminierung liegt nicht in erster Linie darin, daß Schwarze für gleiche Leistung ungleich bezahlt würden, sondern daß sie meist nicht die Bildung und Ausbildung erhalten, die sie brauchten, um mit Weißen in den Wettbewerb um Facharbeiterplätze treten zu können. Gleiche Entlohnung für gleiche Arbeit durchzusetzen heißt vor allem, Schwarze in die Berufsbildung zu bringen und die Grenzen aufzulösen, die schwarze Arbeiter weithin auf die Lohngruppen für ungelernte Arbeit beschränken. Lehrwerkstätten einzurichten, Berufsausbildung zu treiben heißt nicht nur, ein wachsendes Bedürfnis der Industrie an ausgebildeten Arbeitern zu befriedigen, sondern auch den Schwarzen die Tür zur ökonomischen Emanzipation zu öffnen.

In der modernen Welt gilt ein Mensch meist nur so viel wie das, was er tut. Ein ungelernter Arbeiter ist deshalb ein benachteiligter Bürger. Ihm die Möglichkeit zu eröffnen, seine Fähigkeiten auszubilden, bedeutet dann noch mehr als nur den Aufstieg in eine höhere Lohngruppe. Mit der Ausbildung wird sein Wert vermehrt, auch derjenige, den er für sich selbst empfindet. Seine gesamten sozialen Beziehungen, seine private Existenz, seine ökonomische Rolle und sein künftiger Anteil an wirtschaftlicher Macht wird verändert. Er wird damit auch zu einer politischen Größe.

Die Räume, die der Pater für die Erwachsenenbildung aufgebaut hatte, standen tagsüber leer. Also gründete er eine Tagesschule für Kinder. Zuerst war es nur eine Grundschule; später kamen alle Fächer der staatlichen höheren Schulen hinzu, samt der staatlich abgenommenen Abschlußprüfung. Der Pater baute unter dem Druck der Nachfrage weiter. Er begann Neues, ehe die Finanzierung gesichert war. Immer half ihm jemand rechtzeitig weiter. Doch für Leute mit etwas weniger Gottvertrauen und größerer Angst vor Finanzierungslükken war das allzu waghalsig. Die befreundeten Unternehmer stifteten deshalb noch das Gehalt für einen Geschäftsführer und für einen pädagogisch befähigten Meister für die Lehrwerkstatt.

Wir haben bei dem Rundgang durch die Lehrwerkstatt Arbeitsproben schwarzer Schlosser und Schweißer gesehen, die am Ende eines zehn- oder zwanzig-tägigen Kurses angefertigt worden waren. Das beste war die Probe eines Schweißers nach vierzehn Tagen der Ausbildung. Die Schweißnaht war so gleichmäßig geschuppt, als hätte eine Maschine, nicht eine freigeführte Hand sie gezogen. Paßstücke in der Schlosserwerkstatt waren so sauber gefeilt und gedreht, daß es ein Vergnügen war, sie glatt und satt ineinander zu schieben. Die Ausbildungserfolge in kurzer Zeit zeigen, daß die in der südafrikanischen Industrie weithin verbreitete Ansicht, schwarze Arbeiter seien für mittlere oder höhere handwerkliche Arbeiten in technischen Berufen ungeeignet, Vorurteil ist, das offenbar keine andere Begründung hat als den Zweck, ihren Aufstieg in diese Tätigkeiten zu verhindern.

Doch in einer Reihe von Unternehmen sind Schwarze nun in Stellungen aufgerückt, die früher Weißen vorbehalten worden waren. Einige aufgeschlossene Firmen begünstigen das. Manche Betriebe haben eigene Aus- und Fortbildungskurse für ungelernte Arbeiter eingerichtet. Darunter ist auch die südafrikanische Tochter eines großen deutschen Elektrounternehmens. Vor zehn Jahren gab es in dieser Firma keinen einzigen Schwarzen in anderer Stellung als der eines ungelernten Arbeiters. Jetzt ist in einem der Produktionsbetriebe dieser Firma der einstige Anteil der weißen Arbeitskräfte von rund fünfzig Prozent der gesamten Belegschaft auf fünfundzwanzig zurückgegangen. Entsprechend sind Schwarze in mittlere Stellungen vorgerückt. Umgekehrt sank in diesem Betrieb die ursprünglich hohe Fluktuationsrate der schwarzen Arbeiterschaft von rund fünfzig Prozent pro Jahr auf einen Wert knapp über zwanzig Prozent. Das ist weniger als bei weißen Arbeitern üblich. Diese und andere Erfahrungen zeigen, daß sich die Arbeitsdisziplin der Schwarzen bedeutend verbessern läßt, wenn man versteht, Interesse an ständiger Beschäftigung zu wecken, und aufhört, schlechte Arbeitsdisziplin als angeborene Eigentümlichkeit der schwarzen Arbeiter zu betrachten.

Die meisten Betriebe könnten mehr tun, um das eingefahrene System der Reservierung der besseren Arbeitsplätze für Weiße aufzulockern.

Die sogenannte „Job-Reservation“ ist ohnehin mehr Brauch als Gesetz. Von Gesetz her sind weniger als zwei Prozent aller Arbeitsplätze für Weiße reserviert. Doch die meisten Firmen praktizieren mehr Job-Reservation, als das Gesetz verlangt, um sich Ärger mit den weißen Gewerkschaften zu ersparen. Arthur Grobbelaar, der Vorsitzende des gemischt-rassigen Gewerkschaftsbundes von Südafrika, meint, die Firmen nutzen den Spielraum nicht aus, den sie haben. Wenn man es richtig anfange, könne man den weißen Arbeitern sehr wohl erklären, warum es nötig sei, Schwarze in bessere Stellungen zu bringen und das System der Job-Reservierung abzubauen. Denn auf längere Sicht kann es nicht im Interesse der weißen Arbeiter liegen, daß Schwarzen für gleiche Fähigkeiten weniger Lohn gezahlt werde. Es liege nicht im Interesse der weißen Arbeiter, von un- oder angelernten Schwarzen, die sich in der Arbeit selbst die Kenntnisse von Facharbeitern erworben haben, „unterboten" zu werden.

Arbeit, vor allem Arbeit von Schwarzen, ist in Südafrika immer noch sehr billig, freilich auch häufig wenig produktiv. Oft wird der Vorwurf erhoben, die schwarzen Arbeiter würden ausgebeutet. Das statistische Material ist in der Tat erschrekkend und scheint dies zu bestätigen. Im Bergbau ist der Unterschied des statistischen Durchschnittslohns der Schwarzen und der Weißen besonders kraß: in der zweiten Jahreshälfte 1976 waren es nach einer Aufstellung des „Südafrikanischen Instituts für die Beziehungen der Rassen" 82 Rand für Schwarze, 191 Rand für Mischlinge, 248 Rand für Inder und 707 Rand für Weiße pro Monat. Der Durchschnittslohn schwarzer Arbeiter beträgt im südafrikanischen Bergbau demnach nur 12,5 Prozent des Durchschnittslohns der Weißen. Freilich stellen die Schwarzen im Bergbau auch 89 Prozent und die Weißen nur acht Prozent der Arbeitskräfte, jene vor allem in Stellungen für ungelernte Arbeiter, diese in lauter Facharbeiterstellungen. In anderen Industrien und Dienstleistungsbranchen sieht es etwas günstiger aus. Entweder werden den Schwarzen dort bessere Löhne oder den Weißen geringere Einkommen als im Bergbau gezahlt.

In keinem anderen modernen Industriestaat gibt es so grotesk große Spannweiten zwischen den niedrigen und den hohen Tarif-Lohn-Gruppen für Arbeiter und Angestellte. Es drücken sich darin zu einem guten Teil auch objektive Tatbestände aus, die mit dem Wort „Ausbeutung" nicht hinreichend beschrieben wären. Weißen Arbeitskräften müssen nun einmal Einkommen bezahlt werden, die es ihnen lohnend erscheinen lassen, aus dem Ausland einzuwandern oder im Lande zu bleiben. Die Löhne für weiße Arbeiter in Südafrika müssen mit dem Lohnniveau der Arbeiterschaft in anderen Industrienationen konkurrenzfähig bleiben. Ungelernte schwarze Arbeitskraft steht dagegen in Südafrika im Überfluß zur Verfügung, ist aber nicht exportierbar wie weiße Arbeitskraft. Das drückt auf die Löhne und den Grad der Rationalisierung. Würde schwarze Arbeit rasch teurer werden, würde sich die südafrikanische Industrie bald zu einem höheren Grad der Mechanisierung entschließen, um Arbeitsplätze einzusparen. Was einerseits wie kühles Kalkül der Produktion zu möglichst geringen Kosten bei möglichst hohen Gewinnen ausschaut, enthält ein sozialpolitisches Dilemma: Was ist besser, mehr Menschen zu relativ schlechten Löhnen bei relativ geringer Produktivität zu beschäftigen und ihnen damit Brot und Arbeit zu geben oder weniger und produktiveren Arbeitskräften mehr Lohn zu zahlen? Die Antwort auf den Vorwurf der „Ausbeutung" kann deshalb nicht so ganz so einfach ausfallen, wie es sich manche Kritiker aus der Ferne machen.

Aber es ist doch auch nicht auszuschließen, daß bessere Löhne, sofern die Produktivität mitsteigt, schließlich mehr Kaufkraft und diese mehr Nachfrage und mehr Arbeit für andere bedeuten können. Auf die Dauer ist die Rassendiskriminierung deshalb nicht im Interesse des unternehmerischen Kapitals.

Das Ziel des „gleichen Lohns für gleiche Arbeit" wird, wenn man praktisch bleiben will, nicht im Widerspruch zur Rationalität des Ökonomischen verwirklicht werden können.

Die Lösung kann nur im Einklang mit den ökonomischen Gesetzen, vor allem dem Gleichgewicht von Lohn und Produktivität verwirklicht werden. Öffnung der beruflichen Qualifizierung für schwarze und farbige Arbeiter ist deshalb besonders wichtig. Ein Bündnis von industriellem Mammon und franziskanischer Armut, wie es in Boksburg zustandekam, ist demnach auf den zweiten Blick philanthropischer, praktischer und in seinem politischen Widerspruch zum „System" Südafrikas folgenreicher, als es auf den ersten Blick erscheinen könnte.

Die Sorge der Weißen vor der Zukunft

Stille Emigration und geistige Wandlungen

Johannesburg. — Haben die Weißen in Südafrika Angst bekommen? Keineswegs, erwiderte uns einer der führenden Abgeordneten der Opposition, der Rechtswissenschaftler Professor Olivier von der Vereinigten Partei. Jedenfalls keine bewußt gewordene Angst. Dagegen rege sich der Wille, sich in der Wagenburg zu verschanzen und durchzukämpfen, was auch kommen möge.

Die Ergebnisse der Kommunalwahlen und Parlamentsnachwahlen von 1977 weisen in dieselbe Richtung. Wähler wanderten ab von den Reform und Umkehr verlangenden Oppositionsparteien und wandten sich zur Partei der Regierung. Das ist vielfach als Suche nach Zuflucht gedeutet worden, nicht bei der Partei mit einer besseren Politik, sondern bei der zu öffentlicher Ordnung entschlosseneren. Dazu paßt, daß im Herbst 1976, nach Soweto, die Waffengeschäfte wochenlang leergekauft waren, — von den Weißen, denn Schwarze dürfen Waffen nicht besitzen. Das deutet auf Widerstandswillen und Kampfentschlossenheit.

Aber man bemerkt auch, oft ganz beiläufig, daß dieser oder jener, der Entschlossenheit zum Kampf zum Ausdruck bringt, seine Kinder zum Studium ins Ausland schickt, damit sie draußen bleiben und sich dort eine neue Existenz aufbauen.

Auch berichten die Zeitungen von Schwindeleien bei dem verbotenen Versuch, Vermögen ins Ausland zu bringen. In den Städten, außer in der Kap-Provinz (dem natürlichen Rückzugsgebiet der Weißen, wenn sie einmal zusammengedrängt werden sollten), sind derzeit mehr Grundstücke und Häuser am Markt, als dieser aufnehmen kann — Zeichen der Rezession, aber vermutlich auch einer rascher tropfenden Emigration. An den Konsulaten und Botschaften Amerikas, Englands, Australiens und der Bundesrepublik häufen sich die Einwanderungsanträge. Es sind etwa zehnmal mehr als im Durchschnitt der langjährigen Statistik. Auch viele der Juden, die vor dem Krieg aus Deutschland geflohen waren, sind unruhig geworden und beantragen die Rückeinbürgerung. Namentlich Ärzte und Angehörige anderer Berufe mit anspruchsvoller Ausbildung und höheren Einkommen wandern aus. Man schätzt die Zahl der Abwanderungen im Jahr 1976 auf etwa 15 000 Menschen. Tatsächlich blieb die Wanderungsbilanz für Südafrika weiterhin positiv, zu einem großen Anteil jedoch wegen weißer Flüchtlinge aus Rhodesien und Mozambique, mit wenig Mitteln und in Berufen mit geringer Nachfrage. Südafrika verliert hauptsächlich Angehörige der Führungsschicht unter den Weißen. Einen dramatischen Hinweis auf die psychologische Verschlechterung der Lage enthält auch die Beobachtung, daß seit dem letzten Jahr kaum noch Auslandskapital in die südafrikanische Volkswirtschaft floß. Kurzfristige Kredite gibt es zwar, aber nichts, was länger als fünf Jahre investiert werden sollte.

Signale der Gefahr sind unter die Haut gefahren. Doch sind davon mehr die Sicherheitsinstinkte — sei es als Wille zu trotzigem Widerstand, sei es als Neigung zur Flucht — als das politische Denken der weißen Südafrikaner angerührt worden. So muß man auch die düstere Neujahrsansprache des Ministerpräsidenten Vorster verstehen. Er sprach vom Verlust des südafrikanischen Glacis, vom Erscheinen feindlicher Staaten an Südafrikas Grenzen — in Mozambique und Angola, demnächst, so fürchtet man, auch in Rhodesien. Vorster sprach vom Vordringen des sowjetischen Einflusses in Zentralafrika und von den sowjetischen Schiffen an den Seerouten, vor allem von der Entdeckung, daß der Westen zu schwach und nicht willens sei, Südafrika beizustehen. Aber er sagte kein Wort über Reformen, die den inneren und äußeren Druck entspannen könnten.

Angola, Mozambique und Rhodesien haben die weißen Südafrikaner viel mehr beunruhigt als Soweto und die Folgen. Man spricht von einer „Stimmung wie in einer belagerten Festung". Plötzlich hat Südafrika Frontstaaten an seinen Grenzen. Plötzlich bietet sich den Weißen das Bild eines erschreckend aktiven und erfolgreich erscheinenden sowjetischen Einflusses in Afrika. Angola verschaffte die Erfahrung, daß dieser Großmacht militärische Intervention in Afrika möglich geworden ist. In der Regierungspartei begreift man dies als geistig-moralisches Versagen der westlichen Länder, als Zeichen einer Dekadenz, die sie außerstande setze, selbst ihre eigenen Interessen, die Sicherheit der Kap-Route für die Erdölversorgung und die Sicherheit des Nachschubs mit strategisch wichtigen Erzen und Mineralien wahrzunehmen.

Doch was die Weißen in Südafrika dem Westen als „Versagen" vorwerfen, kann in westlichen Augen auch umgekehrt angesehen werden: als ein doppeltes Versagen der Südafrikaner: erst das Versäumnis, eine integrierte multinationale Gesellschaft aufzubauen, und jetzt, in der Sackgasse, die Unfähigkeit zur Umkehr. In westlichen Augen ist die Apartheid vor allem ein Versagen des moralischen Bewußtseins der weißen Südafrikaner. Die Republik ist schnurgerade und konsequent an den Rand des Abgrunds vorgefahren, ohne daß ihre Politiker sich von den entgegengerichteten Wegweisern hätten irre machen lassen.

Dennoch ist von „Veränderung" jetzt viel die Rede. Sie kann, wegen der Mehrheitsverhältnisse, nicht von der Opposition, der Vereinigten Partei und den „Progressiv-Liberalen" zustandegebracht werden, zumal dann nicht, wenn, mit steigender Angst, die Wähler eher Schutz als Wechsel wählen. Damit richtet sich alle Aufmerksamkeit auf die Nationale Partei selbst, die Stärke und die Intelligenz ihres linken, sogenannten „aufgeklärten" Flügels gegenüber dem rechten, den man in Südafrika den „verkrampften" nennt. Wenn sich in Südafrika noch etwas ohne Bürgerkrieg verändern läßt, dann nur, wenn eine Mehrheit der Nationalen Partei von der Notwendigkeit der Umkehr und Reform überzeugt werden kann.

Die Nationale Partei ist freilich eine Nachhut im politischen Denken der weißen Afrikaner. Der politische Arm des Burentums ist auch seine konservativste Form. Es liegen darüber empirische Untersuchungen vor, unter anderem des Arnold-Bergstraesser-Instituts in Freiburg. Man kann ihnen entnehmen, daß die Wählerschaft der Nationalen Partei aufgeschlossener für Reformen ist als die Mitgliederschaft, und die Mitgliederschaft immer noch offener als der aktive Teil der Organisation. Äußerlich bietet die Parlamentsfraktion den Anblick der bewegungslosen Ruhe einer majestätisch aufgetürmten Kumuluswolke. Nur im Innern kann man die Stöße, die Wirbel und die kräftigen Turbulenzen spüren, durch die Premierminister Vorster die Einheit der Partei hindurchzusteuern versucht — voller Sorge, nicht in die Geschichte einzugehen als ein weiterer Burenführer, der das Burentum politisch spaltete.

Vielen fremden Beobachtern fällt in der Nationalen Partei eine ziemlich verbreitete Einsicht auf, daß die Politik der getrennten Entwicklung umgestellt, verbessert, vielleicht sogar abgebaut werden müsse. Viele sprechen davon, daß es zu solchen Veränderungen kommen werde. Aber diese Bereitschaft zum Wandel ist ohne Sinn für die fortgeschrittene Tageszeit. Das ist erstaunlich für ein Land, das vor der eigenen Haustür beobachten kann, wie in Rhodesien Premierminister Smith in verzweifelter Eile eine Situation entschärfen muß, die er noch bis vor kurzem für kontrollierbar gehalten hatte.

Die offiziellen Auskünfte, die der fremde Besucher von Regierung und Regierungspartei erhält, spiegeln wenig vom Geist der Veränderungen wider, dem man sonst im Land, sei es als einem Trotz-, sei es als einem Kampfgeist, sei es als Fluchtinstinkt, sei es als bedrückter Sorge begegnet. Die offizielle Politik wird in einer offiziellen Sprache dargelegt. Sie beginnt gewöhnlich mit Hinweisen auf Südafrika als eine sehr heterogene Gesellschaft, auf die Unterschiede der schwarzen ,,Völker" untereinander, auf die Fehlschläge fast aller Versuche sonst in Afrika, politische Macht zwischen Schwarz und Weiß zu teilen und demokratische Verfassungen in Kraft zu halten. Fast überall seien solche Versuche mit der Demokratie oder mit Bundesstaaten in Einparteienherrschaften oder in Militärdiktaturen zu Ende gekommen.

Dies ist vielleicht das stärkste Argument, das sich zur Begründung des Konzepts der ,,getrennten Entwicklung" vortragen läßt. Ein anderes, das man im burischen Lager hören kann, ist religiös: die Buren seien nicht einfach als Siedler nach Südafrika gekommen, sondern mit einem göttlichen Auftrag, in diesem ihnen ,,versprochenen" Land einen Staat zu errichten. Man habe kein Recht, diese Mission zu verraten.

Beide Rechtfertigungslehren, die pragmatisch-politische und die religiöse, ergänzen einander und stützen die Annahme, die Politik der Rassentrennung sei nötig und gerechtfertigt. Es sei im Interesse des inneren Friedens und aller einzelnen Gruppen, der Schwarzen, der Mischlinge und der Inder, daß sie kleine, homogen zusammengesetzte staatliche Einheiten bildeten. Sie würden friedlich miteinander leben können, wenn sie erst einmal politisch getrennt seien und nicht miteinander um die politische Vorherrschaft kämpfen müßten.

Doch soll die Volkswirtschaft Südafrikas nicht „balkanisiert" werden. Die politische Trennung, so wird argumentiert, werde Zusammenarbeit und Gleichheit ermöglichen. Man könne dann die gleichen Berufe haben; es brauche dann keine Reservierung der Arbeitsplätze mehr zu geben; man könne Sport zusammen treiben. Schwarze und weiße Ärzte und Rechtsanwälte könnten sich von gleich zu gleich auf Kongressen treffen, dieselben Hotels benutzen — das alles werde möglich sein, wenn erst einmal endgültig ausgeschlossen sei, daß es eine gemeinsame Staatsbürgerschaft und damit die Möglichkeit der politischen Majorisierung der Weißen durch die Schwarzen geben könne.

Dies ist, das muß hinzugefügt werden, die Stimme von Politikern vom sogenannten „aufgeklärten Flügel" der Partei. Der Gedanke — in seiner verrückten Logik — läßt erkennen, wie man sich im „aufgeklärten" Teil der Partei die „Veränderung" der Apartheid-Politik vorstellt. Gemeint ist die Beschränkung auf das wesentliche, auf die politischen Rechte und die Ausgliederung der anderen Gruppen, nach dem Muster der Transkei, aus dem südafrikanischen Staat. Auf alles andere könne verzichtet werden, vor allem also auf die sogenannte „kleine" Apartheid im täglichen Umgang miteinander, die Trennung an Stränden, vor Postschaltern, in Zügen und Omnibussen und Hotels. Zum Teil ist sie schon verschwunden.

Die Schwarzen aber haben inzwischen weiterzudenken gelernt. Sie wissen, daß ihre Zukunft in der Republik und nicht außerhalb liegt. Die verstädterten Schwarzen wollen sich nicht in die Homelands zurückdrängen lassen, noch wollen die Bewohner der Homelands auf Dauer dort festgehalten werden. Und die über zwei Millionen Kap-Mischlinge sowie die starke indische Gruppe haben überhaupt kein Homeland. Sie verlangen volle Bürgerrechte. Sie wären nach Erziehung und Bildung dazu qualifiziert. Doch gäbe man ihnen Bürgerrechte, wäre dies das Ende der „getrennten Entwicklung".

Eine andere Unstimmigkeit liegt darin, daß niemand sagen kann, wo die „kleine" Apartheid aufhört und die große, die politische, beginnt. Jeder Versuch, Ballast abzuwerfen, nebensächliche Diskriminierungen aufzugeben und damit innenpolitische Entspannung zustandezubringen, nähme zwar jedesmal die Front im Rassenkampf ein Stück zurück, aber errichtete sie weiter hinten neu, ohne sich damit entlastet zu haben. Das Kernstück der Apartheid zu bewahren, aber Randgebiete zu räumen, wird dem Versuch gleichen, eine Zwiebel bis auf ihren Kern zu häuten. Damit käme die Apartheid zwar auch zu Ende, aber ohne den Vorteil frühzeitiger Entschärfung der Verhältnisse schon auf dem Wege.

Es ist nicht klar, ob diejenigen in der Nationalen Partei, die Veränderung zulassen wollen und die Aufhebung der kleinen Apartheid billigen, sich darüber im klaren sind, daß sie in Wirklichkeit den Abbau der Apartheid begonnen haben — oder ob sie glauben, daß die Konzessionen den Kern der bisherigen Politik nicht treffen können. Ein europäischer Diplomat nimmt an, die Führung der Nationalen Partei versuche, die Parteimitgliederschaft in kleinen, vorsichtigen Schüben an Veränderung zu gewöhnen, ohne die Konsequenzen sichtbar zu machen, und so lange mit listiger Doppeldeutigkeit fortzufahren, bis eines schönen Morgens der rechte Flügel der Partei bemerke, was geschehen sei, und entdecke, damit leben zu können. Dann könne zuletzt auch das Prinzip der „getrennten Entwicklung“ über Bord gestoßen werden.

Diese Interpretation ist die günstigste. Ungünstiger urteilen andere: die Regierung Vorster schwanke unentschieden zwischen Vor- und Rückschritten und versuche, sich durchzuwursteln, hin- und hergerissen zwischen der Furcht vor dem rechten Flügel der Partei und den Gefahren des Verharrens. Das vermehre insgesamt die Unsicherheit und bringe die Regierung um die politischen Gewinne, die sie aus Teilreformen erhalten könnte, wenn sie nur mutig sagte, was sie tue. Weder beruhige ihr Schwanken den argwöhnisch gewordenen rechten Flügel, noch schaffe es Hoffnung bei denen, die Reform verlangen. So bringe sich diese Politik um ihren Nutzen. Die Ambivalenz und Rätselhaftigkeit von Vorsters Führung zeigte sich bei der Ernennung eines im Geruche der Fortschrittlichkeit stehenden Politikers, Roelof Botha, zum neuen Außenminister, während gleichzeitig derselbe Regierungschef den Versuch machte, die südafrikanischen Zeitungen einer Staatskontrolle zu unterwerfen, als stehe das Land unmittelbar vor der Ausrufung des Belagerungszustandes.

Viele Beobachter in- und außerhalb der Nationalen Partei glauben, der Regierungschef könnte der Partei wesentlich mehr Konzessionen zumuten. Er sei ihr unangefochtener Führer; die Gefahr der Rebellion und Spaltung sei geringer, als er annehme. Die Parteimitgliederschaft werde entschlossene Führung stets honorieren. Ein großer Teil der Farmer auf dem flachen Land, die als der Hort der Rückständigkeit gelten, werde dem Parteiführer folgen, wenn nicht aus Überzeugung, so doch aus Instinkt für die Notwendigkeit, zusammenzuhalten. Es liege an Vorster selbst: ihm fehle Phantasie für die Gefahren des Verharrens. So glauben manche, daß erst von einem neuen Premierminister Bewegung erwartet werden könne.

Außerhalb der Nationalen Partei, in anderen Einrichtungen des südafrikanischen Burentums, gibt es mehr Veränderung. In letzter Zeit sind es vor allem Geschäftsleute von mittleren und größeren Firmen, denen die Kosten der „Getrennten Entwicklung" — Schwäche des heimischen Marktes, soziale Unruhe, unzureichende Produktivität und Ängstlichkeit des Auslandskapitals — zu groß geworden sind. Die „South Africa Foundation" beispielsweise, eine Vereinigung von Notabeln aus Industrie, Finanz, Wissenschaft und Kirchen, die vor einem Jahrzehnt gegründet worden war, um das angegriffene Ansehen der Republik im Ausland zu verbessern, ging dazu über, Änderungen in der südafrikanischen Innenpolitik zu verlangen, weil ohne sie das Bild Südafrikas in der Welt nicht verbessert werden könne.

Der Wandel in Teilen der Reformierten Kirche ist potentiell noch folgenreicher, weil er in der innersten Kammer des Burentums stattfindet, wo hinter der Politik und materiellen Interessen die Seelenkräfte hausen. Aus der Reformierten Kirche, aus dem calvinischen Glauben, bezog das Burentum seine ganze Zuversicht. Freilich muß man unterscheiden. Zuversicht aus dem Glauben ist eines, die religiöse Begründung der Rassentrennung mit Hilfe der Bibel, vor allem des Alten Testaments, etwas anderes. Das eine ist alter Bestandteil der burischen Geschichte, das andere relativ jung.

Es waren Intellektuelle und Theologen wie Dr. Malan, die in den dreißiger Jahren das Ideengebäude der Apartheid konstruiert und theologisch gestützt hatten. Ihr wird nun zunehmend von calvinischen Theologen widersprochen. Am klarsten kommt das in einer Erklärung der niederländisch-reformierten Kirche — der weitaus größten der drei burisch-calvinistischen Kirchengemeinschaften in Südafrika — aus dem Jahre 1974 zum Ausdruck. Diese Erklärung wurde seither mehrmals ergänzt und erläutert und liegt seit 1976 auch auf Englisch vor. Das Dokument erklärt klipp und klar, keine Lehre von der Überlegenheit einer Rasse über eine andere lasse sich aus den biblischen Schriften begründen. Ausdrücklich wird dies auch für den Fluch Noahs über die Nachkommenschaft Chams gesagt, der als Urvater der schwarzen Völker angesehen wird. Vielmehr: „Die Schrift lehrt und behauptet eine essentielle Einheit der Menschheit und eine erstrangige Verwandtschaft und wesentliche Gleichheit aller Völker". Die Botschaft des Evangeliums hinsichtlich der Rassen sei bestimmt von „Liebe, Gerechtigkeit, Wahrheit und Frieden". Das Alte Testament habe den Juden die Heirat mit Nicht-Juden verwehrt, damit der jüdische Glaube geschützt werde. Denselben Glauben vorausgesetzt, „enthält die Bibel keine Lehre für oder gegen Rassenmischung". Die Erklärung enthüllt entgegenstehende Auslegungen als Verbalhornung biblischer Lehre.

In der Umgebung des „aufgeklärten" Flügels der Nationalen Partei ist in letzter Zeit eine neue Gruppierung entstanden, in der man weiß, daß die Änderung der südafrikanischen Innenpolitik umfassend und dringlich betrieben werden muß. Zu dieser Gruppe gehören Professoren, Journalisten und einige Politiker. Taktisches Grundproblem ist, den Kontakt mit der Nationalen Partei dabei nicht abreißen zu lassen. Deshalb muß die neue „Aufklärung" innerhalb der halbgaren, aber von der Partei akzeptierten älteren „Verlightheid" vorsichtig operieren. Man hat den Eindruck, daß diese Männer klarer sehen, als sie zu ihrer Partei sprechen: Leute wie Willem de Klerk, der Redakteur des „Transvaaler" oder Professor Viljoen, der Vorsitzende des „Broederbond", oder auch ein Mann wie Generalstabschef Magnus Malan oder der im Rufe eines programmlosen Praktikers stehende Geheimdienstchef, der Polizeigeneral Hendrik van den Bergh.

Liberale Professoren an den Buren-Universitäten, vor allem Stellenbosch, sind freier von solchen taktischen Rücksichten. In ihrem Kreis ist verstanden, daß man mit der Abschaffung der ,,kleinen" Apartheid nicht auskommen wird und daß es keine Lösung ohne das gleiche Bürgerrecht für alle Gruppen geben kann. Denn mit dem Wahlrecht fällt oder steht die gesamte übrige Diskriminierung. Ersatzlösungen mit Repräsentativräten für die Gruppen der Mischlinge, der Inder oder der verstädterten Schwarzen werden nicht genügen.

Viljoen und de Klerk gehen nicht so weit. Sie erörtern Entwürfe, die offenbar auch im Kabinett eine Rolle spielen, in denen versucht wird, getrennte Gruppenparlamente, wie sie zur offiziellen Parteipolitik gehören, samt ihren eigenen Exekutivorganen und der weißen Regierung in einer Über-Regierung, einem ,,Kabinettsrat" einzubringen, in der die Angelegenheiten aller Gruppen außerhalb der Homelands auf der Ebene der Exekutive gemeinsam, doch nicht parlamentarisch, behandelt und beschlossen werden könnten. Es wird hier der Übergang von der ,,Getrennten Entwicklung" zur Idee eines neuen Oberstaats sichtbar, der die Furcht der Weißen beruhigen soll, daß sie in ihrem eigenen, ,,weiß" beherrschten Staat, in ihren Angelegenheiten von den Angehörigen der anderen Rassen überstimmt werden könnten.

Dem europäischen Beobachter kommt dieser Weg nicht ganz unbekannt vor. In der Europäischen Gemeinschaft versucht man es mit den gleichen Kunststückchen, einem ,,Europäischen Rat", den einzelnen Nationen Selbständigkeit in ihren Angelegenheiten zu erhalten und deshalb nur die nationalen Exekutiven kooperativ zu verbinden. Freilich bleibt das ganz unverbindlich, solange nicht ein gemeinsames Parlament dahintersteht. Und ähnlich schlecht wie auf dem ,,Europäischen Gipfel" würde es auch im südafrikanischen Kabinettsrat zugehen.

Interessanter sind deshalb die Überlegungen in der zweiten Reihe, die noch zurückgehalten oder auch glatt verleugnet werden, wenn man sie mit politischen Namen versehen wollte. In politischen Gedankenspielen sind Verfassungsmodelle im Umlauf, die den Umbau der Südafrikanischen Republik in einen Bundesstaat ins Auge fassen. Seine Bestandteile wären eine Anzahl Regionen, schwarze, weiße und auch gemischte, die bei allen wichtigen politischen Beschlüssen und Gesetzgebungsvorhaben qualifizierte Mehrheiten zustandebringen müßten. So wäre die Majorisierung ganzer Gruppen ausgeschlossen. Mit besonderem Interesse werden bundesstaatliche Erfahrungen in anderen Ländern studiert, namentlich die Organisation und die Kompetenzen zweiter Kammern. In einer bundesstaatlichen Verfassung ließe sich dann auch die Selbstverwaltung der „Homelands" unterbringen. Deren entschiedene Entwicklung ist eine Forderung, auf der sich die aufgeklärtesten Köpfe vom liberalen Flügel der Nationalpartei bis zu den verkrampftesten treffen können. Entwicklung der Homelands ist auf alle Fälle richtig. Über den Zweck, die schließliche Ausgliederung oder die Einbringung als Kantone in einen Bundesstaat, wird erst später zu entscheiden sein.

Größtes Interesse findet unter allen südafrikanischen Politikern, was sich in Südwestafrika abspielt. Die Verfassungskonferenz von Windhuk, in der „Turnhalle", bewegte sich in der Richtung eines Bundesstaates. „Passen Sie gut auf, was in der Turnhalle passiert", hatte uns ein hoher Regierungsbeamter in Kapstadt während der Verfassungs-Verhandlungen gesagt. Müsse man die Turnhalle etwa als einen Modellversuch für Südafrika verstehen, fragten wir zurück. Beileibe nicht, erwiderte er. Hier, in der Republik, sei alles ganz anders. So weit wollte er sich nicht von der Linie der Regierung entfernen. Aber auch die, die bestreiten, daß es Ähnlichkeiten zwischen Südwestafrika und Südafrika gebe, beobachten die weitere Entwicklung in Südwest mit der Frage im Herzen, ob es auch ohne Apartheid gehen könne, ob es für Südafrika einen Ausweg gibt.

Das Schwarze Bewußtsein an der Schwelle zur Schwarzen Gewalt

„Unsere Kinder öffneten unsere Augen“

Johannesburg. — „We shall overcome“, sangen die 15- und 16-jährigen Schülerinnen einer kirchlichen höheren Schule für schwarze, weiße und farbige Kinder. Die Leitung dieser Schule bricht bewußt die Rassenschranken und versucht mit ihren beschränkten Mitteln, die Kinder erfahren zu lassen, daß man miteinander arbeiten kann.

„Das ist nämlich das wichtigste, was man jetzt tun muß“, sagt dazu ein Mann wie Beyers Naude, einer der führenden Köpfe der kirchlichen Bewegung, die für die Rassenintegration eintritt. Das Lied, das die Jugendlichen sangen, kommt aus der amerikanischen Negerbewegung der sechziger Jahre. Seine einfache, eingehende Melodie macht es noch mehr als sein Text zu einem Lied des Trostes und der Zuversicht. Es ist kein Kampfgesang. Doch da es von Jugendlichen gesungen wurde, unter denen einige die Unruhen von Soweto, den Schrecken des Maschinengewehrfeuers, der Brandschatzung und der Plünderung miterlebt hatten, war es auch eine Absage an die Revolution: „Tief in meinem Herzen weiß ich ganz genau: daß wir es überstehen werden ... Wir sind ohne Angst ... Wir werden Frieden finden ... Die Wahrheit macht uns frei ... Wir werden Brüder sein.“

Wie militant ist die Bewegung unter den Schwarzen Südafrikas? In vier Wochen des Aufenthaltes gelang es dem Besucher nicht, eine Antwort auf diese Frage zu finden. Noch sind die Schwarzen in den Städten Südafrikas nicht in solcher Verzweiflung, daß sie ihre Befreiung nur noch von dem Morgen nach einer Bartholomäus-Nacht erwarten, nach der Zerstörung alles dessen, was „Weiß" ist und „Weiß" bedeutet. Noch immer stößt man unter Schwarzen auf viel guten Willen. Er ist nicht verbraucht, auch wenn er derzeit erschöpft zu sein scheint. Viele Gespräche mit einzelnen Schwarzen begannen damit, daß sie sagten, sie erwarteten nichts mehr, gar nichts mehr von den Weißen und wollten auch nichts mehr mit ihnen zu tun haben. Doch im weiteren Verlauf solcher Unterhaltungen war oft zu bemerken, daß es ein Bewußtsein einer Gemeinsamkeit gibt, das sich schnell aus dem Zustand der Erschöpfung erholen könnte, wenn man ihm Hoffnung auf Änderung gäbe.

Die noch immer nicht aufgebrauchte Chance künftiger Gemeinsamkeit besteht im wesentlichen darin, daß auch die Schwarzen Südafrikas wissen, was sie verlören, wenn das Land im Chaos eines Bürgerkrieges unterginge. In keinem anderen Land Afrikas gibt es eine schwarze Bevölkerung, die in so großer Zahl urbanisiert und von industrieller Beschäftigung abhängig ist. Ein zweites Element der Gemeinsamkeit besteht darin, daß die Schwarzen Südafrikas durchweg Christen sind — und nicht nur oberflächlich vom Geist des Christentums und der Bibel imprägniert. Und drittens sind es überwiegend Menschen von erstaunlicher Geduld. Man braucht nicht alle Hoffnung fahren zu lassen, daß in Südafrika die Geschichte mit der Gewißheit eines Naturgesetzes in die Katastrophe führt. Doch gesteht der Beobachter auch, daß er darüber während der Wochen seines Aufenthaltes jeden Tag anders dachte, einmal mit mehr, ein andermal mit weniger, zuweilen auch ohne jede Hoffnung, daß die Zeichen, die er an der Wand zu lesen meint, auch von anderen entziffert werden könnten.

Im Lager der Schwarzen gibt es seit Soweto und den Folgen jedenfalls mehr politisches Bewußtsein, als die meisten Weißen in Südafrika zu wissen scheinen. Das ergibt sich aus vielen Unterhaltungen. Doch gibt es offensichtlich nicht so viel Einigkeit oder Entschlossenheit unter den Schwarzen, wie es die Wortführer der Schwarzen Bewegung erscheinen lassen wollten. Im Lager der (im wesentlichen burischen) Nationalpartei bis weit in die Reihen der (britisch eingefärbten) Vereinigten Partei überschätzt man freilich die inneren Teilungen der schwarzen Lager, vor allem die Bedeutung der Stammeszugehörigkeit für die schwarze städtische Arbeiterschaft. Noch immer glauben viele weiße Südafrikaner, daß die Schwarzen sich nicht als Schwarze, sondern in erster Linie als Angehörige einzelner Stämme verstehen. Die Unterscheidungen der Schwarzen nach Stammeszugehörigkeiten, nach Völkern, nach „Nationen", wie die Amtssprache der Apartheidpolitik sich ausdrückt, sei mindestens so groß wie der schwarz-weiße Unterschied. Die Weißen glauben überwiegend auch, daß Inder und Kapmischlinge sich den Weißen und nicht den Schwarzen zuschlagen würden, wenn die Stunde käme, in der um das Überleben gefochten werden müßte. Die Weißen begreifen nicht, gerade wegen der Obsession mit der eigenen Abstammung, daß die ethnische Herkunft dem Bewußtseinswandel durch Industrialisierung zwar einigen Widerstand entgegensetzt, aber nicht auf Dauer. Sie übersehen, daß in den städtischen Ballungsgebieten viele dieser hergebrachten Stammesbindungen der schwarzen Arbeiter aufgezehrt und überlagert werden von einer neuen Geschichte, die in den Städten als unterschiedslose, kollektive Diskriminierung aller Schwarzen erlebt wird. Die Weißen behandeln sie alle gleich schlecht. Es sind die Weißen selbst, die mit unterschiedsloser Diskriminierung aller Schwarzen, ohne Stammesunterschiede, dazu beitragen, daß die Schwarzen in den Städten lernen, ein gemeinsames Interesse an der Beendigung dieses Zustandes zu erkennen.

Ein Zeichen für die Relativität der Stammesbindungen ist unter anderem, daß es unter den städtischen schwarzen Arbeitern längst Eheschließungen über Stammes- und Sprachgrenzen hinweg gibt. Die Konflikte aber, die während der Soweto-Unruhen zwischen Zulus und Xhosas ausbrachen, sind offensichtlich falsch gelesen worden. Statt sie als Streit unter den Stämmen zu verstehen, müssen sie in erster Linie als Konflikte zwischen verstädterten Schwarzen einerseits, zwischen Leuten in Häusern, mit Familien, mit Kindern auf den Schulen und dauernden Interessen in der Stadt, und Gastarbeitern vom Land andererseits verstanden werden, die in Männerheimen wohnen, ohne andere Erwartungen an die Stadt als den Wunsch, Geld zu verdienen, das sie nach Haus schicken könnten. Für sie waren die Unruhen eine Gefährdung ihrer Arbeitsmöglichkeiten, nicht eine Sache zur Verbesserung der eigenen Lebensverhältnisse.

Es wird im Lager der Weißen noch wenig begriffen, was die industrielle Entwicklung Südafrikas an Veränderungen bringt. Wie alles, was König Midas berührte, zu Gold wurde, so verwandelt das Gold, der Ursprung und fortdauernde Antrieb der Industrialisierung Südafrikas, die Stammesmitglieder, die damit in Kontakt kommen, zu Städtern, zu Wirtschafts- und Staatsbürgern — übrigens nicht anders, als die industrielle Revolution schon zuvor die Buren auf den Farmen des Transvaal und Oranje-Freistaates in wenigen Jahrzehnten in Stadtbewohner verwandelt hatte. Das ältere Bewußtsein, ein Zulu, Xhosa oder Tswana oder ein „Mischling", Inder oder Malaye zu sein, wird überlagert von der neueren Vorstellung,

„Schwarzer" zu sein. Schwarz ist eine politische Farbe geworden, ein Zustand des Bewußtseins.

Zutreffend nennt sich die ganze Bewegung „Black Consciousness". Was ist das? „Wir haben eine neue, innere Gewißheit, stärker zu sein," erklärte es uns der schwarze lutherische Bischof Dr. Manus Buthelezi in Johannesburg. „Wir gründen unsere Hoffnung nicht mehr auf den Weißen Mann. Wir haben gesehen, daß er sich nicht öffnet. Wir vertrauen jetzt nur noch auf uns selbst. Wir haben entdeckt, daß wir eine moralische Kraft haben, die man uns nicht nehmen kann, wie man uns ein Gewehr nehmen könnte. Die Weißen haben uns bisher gelehrt, daß wir uns unserer Hautfarbe schämen sollten. Wir betrachteten sie als Fluch. Und wir dachten, wir könnten nur frei werden, wenn wir uns den Weißen anpaßten und sie nachahmten, um möglichst „weiß" zu werden — bis hin zu den Bleichcremes für die Haut und den Mitteln zum Glätten unserer Haare. Nun wissen wir, daß schwarz zu sein ein Geschenk Gottes ist. Die Regierung sucht diese Bewegung des „schwarzen Bewußtseins" zu unterdrücken, nicht, weil wir gewalttätig geworden wären, sondern weil sie bemerkt hat, daß wir jetzt stark sind."

Der Unterschied liege darin, so erklärt er, daß zwischen Unterdrückern und Unterdrückten eine innere Abhängigkeit entstanden war, die nun zerbrochen worden sei, eine Abhängigkeit, die den Unterdrückten veranlaßte, allmählich seine Wertvorstellungen an denen des Unterdrückers auszurichten. „Wir, als Schwarze, haben uns allzu lange so verstanden, wie die Weißen uns sahen, als „Nicht-Weiße", als Menschen, die nur in Bezug auf Weiße definiert werden können. Nun haben wir uns davon gelöst, haben unsere eigene Macht entdeckt." Wir fragten ihn: „Power or strength?" Er meint tatsächlich Macht, nicht Stärke, etwas Politisches also, nicht bloß Moralisches.

Doch irrt er sich nicht über die Originalität dieses schwarzen Bewußtseins? Es scheint doch auch mit ,,Schwarz" nur etwas gemeint zu sein, das ohne sein Gegenteil nicht gedacht werden kann. Die Obsession der Weißen mit ihrer eigenen Hautfarbe und die Obsession der Buren mit ihrer burischen ,,Identität" hat das Gegen-Bewußtsein, die Gegen-Farbe und die Gegen-Identität hervorgerufen, die erst dadurch Bedrohung geworden ist. Wie zuvor in Europa, hat auch in Südafrika der eine Nationalismus den anderen hervorgerufen.

Zur ,,Black Consciousness"-Bewegung gehören verschiedene Bewegungen und Organisationen: Die Black Peoples' Convention und ihr Studentenverband, die ,,South African Student Organization", haben sich einen undogmatischen afrikanischen Sozialismus und die Verweigerung der Zusammenarbeit mit der Regierung bei der ,,getrennten Entwicklung" vorgenommen. Das bedeutet auch Widerstand gegen die Entstehung und Förderung der ,,Heimatländer" für die Schwarzen in ihren herkömmlichen Stammesgebieten. Noch ist diese Bewegung nicht von Kommunisten bestimmt, noch auch ist sie überwiegend auf gewaltlosen Kampf eingestellt. Beides unterscheidet sie von dem schon lange verbotenen und weitgehend ins nördliche Ausland vertriebenen Führern des ,,Afrikanischen Nationalkongresses".

Doch ist diese Politik der Verweigerung nicht strikt durchzuhalten. Konsequent müßte sie auch bedeuten, daß Schwarze nicht die schwarzen Schulen der ,,Bantu-Erziehung" besuchen dürften, die die weiße Regierung für sie eingerichtet hat. Doch auf Schulbildung zu verzichten hieße, um eines Prinzips Willen auf die eigene Verbesserung zu verzichten.

Tatsächlich haben die Jugendlichen in Soweto und Kapstadt monatelang den Besuch der Schulen verweigert. Der Schülerboykott zerfaserte sich schließlich Ende 1976 zur Erleichterung der meisten schwarzen Eltern. Der Generationenkonflikt, der sich in den Wochen vor den Soweto-Unruhen unter den Schwarzen und ihren Kindern geöffnet hatte, war von der Polizei geschlossen worden, als sie auf die Jugendlichen schoß. Das Blutvergießen brachte die Eltern auf die Seite ihrer Kinder. ,.Unsere Kinder öffneten unsere Augen. Unsere Kinder fragten uns, wie konntet ihr das nur so lange ertragen" — das sind Auskünfte, die der Besucher von Schwarzen und Mischlingen oft in gleichlautenden Worten hören kann, wenn er sie nach den Unruhen befragt. Sie lassen erkennen, daß der Radikalismus, von dem bisher nur die Exilgruppen bestimmt zu sein schienen, großflächig übergegriffen hat in die Townships, zuerst auf die Jugendlichen. Denn gerade die Jugendlichen sind durch die „getrennte Entwicklung" daran gehindert, Weiße anders als Repräsentanten eines unterdrückerischen Regimes kennenzulernen. Die Zusammenstöße in Soweto ließen diesen Haß überschlagen auf die gemäßigte mittlere und die ältere Generation, die mitansehen mußte, wie das weiße Regime grausam und stupide die Unruhen niederschlug, scheinbar ohne nach den Kosten an Leben zu fragen, so wie es der radikale Flügel der schwarzen Bewegung immer behauptet hatte.

Die Zahl der Todesopfer des Sommers 1976 ist nicht genau festzustellen. Es mögen 500, es mögen sogar 800 gewesen sein. Ein beträchtlicher Anteil davon geht auf das Konto des schwarzen Terrorismus unter Schwarzen. Ein Teil der Toten waren „Kollaborateure". Schwarze, die früher Kontakt zu Weißen hielten, haben damals begonnen, diese Beziehungen einzustellen. Das berichten gerade solche Weiße, die in den vergangenen Jahren versucht haben, in ihrem privaten Verkehr die Rassenschranken zu durchlöchern. Niemand unter den Schwarzen möchte jetzt in den Townships als „Informant" der Polizei verdächtigt werden. Er hätte Grund, um sein Leben zu fürchten. Die Unruhen von Soweto, so stellt sich heraus, sind eine Wendemarke der südafrikanischen Politik geworden, doch ohne daß die Weißen die Veränderungen im Bewußtsein der Schwarzen schon voll wahrgenommen hätten.

Im Regierungslager, bis in die oberste Spitze des staatlichen Nachrichtendienstes, bis zu General van den Bergh hin, heißt es dagegen immer noch, die Unruhen seien das Werk „kommunistischer Anstifter" gewesen, die nach einem von langer Hand vorbereiteten Plan gehandelt hätten. Der Geheimdienstchef sagte uns, er habe sich davon überzeugen können. Doch werde es nicht möglich sein, die Beweise in dem bevorstehenden Prozeß aufzudecken, weil man nicht das eigene Informationssystem preisgeben wolle.

Aber es fällt vielen politischen Beobachtern außerhalb des Regierungslagers schwer, diese Beurteilung der Polizeiführung zu übernehmen. Die Vermutung, daß kommunistische Kräfte dazwischen steckten und versucht sein mußten, die Führung zu übernehmen, liegt nahe. Dafür wird der Geheimdienst auch eine Anzahl Beweise gefunden haben. Aber was besagt das? Es dürfte doch nur einen Teil des Vorgangs, und nicht einmal den wichtigsten, erklären. Es liegt offen zutage, daß es die Apartheid-Politik selbst war, die über die Jahre Unzufriedenheit und Haß in den Townships aufgehäuft hat und daß nach der Erweiterung des „schwarzen Bewußtseins" unter dem Eindruck der Vorgänge in Angola, Mozambique und Rhodesien sowie dem Einbruch der Arbeitslosigkeit in die Erwartungen besonders der Jugendlichen genug Ursachen vorhanden waren, die zur Erklärung der Unruhen ausreichen. Es brauchte dann nicht viel, um diese Unzufriedenheit zur Explosion zu bringen. Die Einführung des Afrikaans-Unterrichts in den höheren Schulen für Schwarze, übrigens gegen den Rat und gegen auch den ersten Widerstand von Schülern, den die Regierung dann im Geiste eines burischen „jetzt erst recht" mißachtete, wurde zum Zünder. Schülerunruhen zu organisieren, das weiß man seit den sechziger Jahren in den meisten europäischen Ländern, ist unter den besonderen Bedingungen einer Altersgruppe in permanenter Versammlung lange nicht so schwierig, wie es zu sein scheint. Es bedarf keiner großen Organisation und aufwendigen Vorbereitung, wenn genug brennbares Material herumliegt.

Das Feuer brennender Schulen und Verwaltungsgebäude beleuchtete mehr als nur die Beschwerden rebellierender Schüler. Die Untersuchungskommission unter dem Oberrichter von Transvaal, Cillie, bekam von Vertretern der Schwarzen im industriellen Ballungsgebiet alsbald den Katalog der Mindestforderungen zu hören: Beseitigung des Systems einer besonderen (d. h. minderwertigen) „Bantu-Erziehung", ferner die Einführung des allgemeinen Schulzwanges für alle schwarzen Kinder, schließlich die Beseitigung des „Puppentheaters" schwarzer kommunaler Selbstverwaltung ohne wirkliche Selbstbestimmung in den Townships, sowie die Forderung, Hauseigentum erwerben zu dürfen und gleichen Lohn für gleiche Arbeit zu erhalten.

Bemerkenswert an diesem Katalog war, daß die Forderungen vor allem auf die Verbesserung der wirtschaftlichen, sozial-kulturellen und kommunalpolitischen Verhältnisse der Schwarzen gerichtet waren und daß dies alles für dringender gehalten wurde als die politische Mitbestimmung. Von einer zufällig zusammengerufenen Schülergruppe erhielten wir auf die Frage, was sie für das dringendste hielten, die gleiche Antwort: „Gleiche Chancen, gleiche Möglichkeiten", und damit waren vor allem gleiche Erziehung gemeint und gleiche berufliche Möglichkeiten. Nochmals denselben Eindruck vermittelte auch ein Gespräch mit dem Vorsitzenden des südafrikanischen Gewerkschaftsbundes, Arthur Grobbelaar. In diesem Gewerkschaftsbund sind Schwarze, Weiße und Gemischte Gewerkschaften vereinigt. Er sagte, die ökonomischen Forderungen der Mitglieder rangierten vor den politischen. Noch ist den meisten Schwarzen nicht deutlich vor Augen, daß ihre soziale und ökonomische Benachteiligung politische Ursachen hat und die Verbesserung ihrer materiellen Lage eine Frage ihrer Teilhabe an der Gesetzgebung ist. Aber es kann nicht mehr lange dauern, bis dies erkannt und die Reihenfolge des schwarzen Forderungenkatalogs umgedreht wird.

Es entspricht diesem Mißverständnis, daß die „Black Consciousness"-Bewegung das System des „Kapitalismus" als unterdrückerisch empfindet. Wenn dies der „Kapitalismus" sei (man sagt nicht: Marktwirtschaft), nämlich niedrige Löhne, ungleiche Bezahlung für gleiche Arbeit und „Ausbeutung", dann wolle man mit Kapitalismus nichts zu tun haben. Die Schwarzen legen ihre ökonomische Mißhandlung dem „Kapitalismus" zur Last. Sie verkennen, daß es die ungleichen politischen Rechte sind, die die schwarzen Arbeiter daran hindern, als eine der Kräfte des Marktes auf den Plan zu treten, die einseitigen Verhältnisse ins Gleichgewicht zu bringen und einigermaßen fairen Anteil an den Früchten des „Kapitalismus" zu erlangen. Sie können nicht gleich verteilt werden ohne die staatsbürgerliche Emanzipation wenigstens der Schwarzen, die in den Städten arbeiten. Die Marktwirtschaft kann, als kybernetisches System, nicht funktionieren, wenn ein Teil der wirtschaftenden Kräfte, die Arbeitnehmer, durch staatliche Gesetzgebung (vor allem Streikverbot und befristete Aufenthaltserlaubnis) daran gehindert wird, kontrollierend zu wirken und, einerseits korrigierend, für größere Verteilungsgerechtigkeit, andererseits antreibend, für mehr Nachfrage, zu sorgen. Es ist die Apartheid, das System des Ausschlusses von staatsbürgerlichen Rechten, besonders des Wahlrechts und der Beteiligung an der Gesetzgebung, die die Gerechtigkeit der Wettbewerbswirtschaft außerkraft setzt. Es ist die Politik der Weißen, die Apartheid, die unter dem schwarzen Proletariat die Entstehung marxistischer Bewegungen begünstigt, die sie andererseits mit polizeistaatlichen Mitteln zu bekämpfen sucht.

Besonders kurzsichtig mutet es an, daß Regierung und Regierungspartei die Entstehung politischer Führung unter den Schwarzen zu verhindern suchen. Sofort wird in die Gefängnisse gesteckt oder ins Exil vertrieben, was sich als Führungsschicht der Schwarzen immer wieder neu zu bilden sucht. Ein großer Teil der politischen Gefangenen in Südafrika, die unter verschiedenen gesetzlichen Titeln, wie dem Anti-Terrorismus-Gesetz oder der Parlamentsakte zur Unterdrückung des Kommunismus, verurteilt worden sind, hat mit Terrorismus oder Kommunismus nichts zu tun. Die Normen dieser Gesetze sind aber so weit gefaßt, daß fast jede politische Opposition unter den Schwarzen und Farbigen als ungesetzlich erfaßt und verurteilt werden kann. Und wenn trotzdem das politische Strafrecht nicht ausreichen sollte oder seine Anwendung inopportun wäre, so hat der Polizeiminister nahezu unbeschränkte Vollmacht, durch bloßen Verwaltungserlaß, der nicht gerichtlich nachprüfbar ist, jeden Bürger, den er für ein Sicherheitsrisiko hält, „bannen" zu können, das heißt, ihn unter Hausarrest zu stellen, mit der Auflage, keinen Besuch oder jeweils nur eine Person zu empfangen und auf keine Weise von sich reden zu machen, auch nicht mit wissenschaftlichen Publikationen. Diese „Verbannung" ins eigene Haus wird in der Regel für drei oder fünf Jahre, oft auch als Fortsetzung einer bereits abgedienten gerichtlichen Gefängnisstrafe ausgesprochen.

Mit der regelmäßigen Ausschaltung des Potentials, aus dem schwarze Führung kommen kann, beraubt sich die Regierung der Möglichkeit, verantwortliche politische Partner auf der Gegenseite zu gewinnen, die ihre eigenen Anhänger führen und auch mäßigen können. Nicht nur riskiert die Regierung damit, diffuser und unkontrollierter Gewalt von explosiver Kraft gegenüberzustehen und sie dann in der gröbsten und blutigsten Form niederschlagen zu müssen, ohne lange zu fakkeln; sie trägt damit auch selbst zur etappenweisen Radikalisierung der Schwarzen, von einer Enttäuschung zur nächsten, bei. Gemäßigte schwarze Führung kann so weder entstehen noch sich gegenüber ihren Anhängern durch politische Erfolge Ansehen verschaffen.

Das arbeitet den Radikalen in die Hände. Das Vorgehen der Regierung stärkt bei den städtischen Schwarzen den Einfluß der radikaleren schwarzen Exilpolitiker, die für die Verweigerung jeglicher Zusammenarbeit agitieren. Es wird damit nicht nur in den schwarzen Townships schwieriger, eine gemäßigte Führung entstehen zu lassen. Auch den Führern schwarzer Heimatländer wird es schwerer gemacht, wie etwa dem Regierungschef des halbautonomen Gebietes der Zulu-Stämme, Häuptling Gatsha Buthelezi, und seiner „Inkatha"-Bewegung, für eine Begrenzung des Konflikts mit der südafrikanischen Regierung einzutreten. Er und andere versuchen, die Politik der „Getrennten Entwicklung" mit den Mitteln zu bekämpfen, die die Apartheid selbst zur Verfügung stellt: mit den Selbstverwaltungskörperschaften der „Heimatländer". Die „Heimatländer" sind nicht nur Produkt der Apartheid-Politik; sie geben auch geschützte Plattformen ab, von denen aus das „System" bekämpft werden kann, ohne daß die Regierung mit Anti-Terrorismus-Gesetzgebung zugreifen kann.

Diese Strategie des begrenzten Widerstandes ist gerade nicht darauf gerichtet, den südafrikanischen Staat zu sprengen, sondern so zu verwandeln, daß darin verschiedene Nationen und Kulturen und alle Hautfarben, weiß, braun und schwarz, neben- und miteinander existieren können.

Der Übergang zu einer Politik, die allen Gruppen und Hautfarben ein Recht auf Leben und Existenz und keiner von ihnen die Macht einräumte, über alle anderen zu bestimmen, erforderte politische Mäßigung in allen Lagern Südafrikas. Die Entstehung gemäßigter Führungen für Schwarze und Farbige müßte von der Regierung geradezu kultiviert werden. Nur wenige unter den Weißen scheinen das zu verstehen.

Die Schwarzen Südafrikas haben sich als erstaunlich geduldig erwiesen. Ihr guter Wille ist, erstaunlicherweise, noch immer nicht verbraucht, wenngleich ermüdet. Er ließe sich mit inneren Reformen neu erwecken. So ist deshalb, trotz radikaler Ansätze, nicht entschieden, wohin sich das „Schwarze Bewußtsein" in den Städten und Vorstädten Südafrikas wenden wird: hin zu der Einsicht, daß die Freiheit aus der Wahrheit kommt, wie es in dem Lied „We shall overcome" heißt — oder ob sie nur von der Macht zu erwarten sei, die aus dem Lauf der Gewehre kommt. Die Regierung Südafrikas will den revolutionären Umsturz verhindern. Mit den Mitteln, die sie verwendet, behindert sie die Evolution. So scheint sie ihr Teil zu tun, damit eintrifft, was sie verhüten will.

Rassenstaat — Ständestaat — Gottesstaat?

Die südafrikanische Utopie — ein Versuch, aus der Geschichte auszuwandern

Kapstadt. — Angenommen, so fragte einer der Historiker an der Universität Stellenbosch den Besucher, es wären statt der Holländer andere Kolonisten im siebzehnten Jahrhundert ans Kap der Guten Hoffnung aus England, Schottland, Deutschland oder Skandinavien gekommen, wäre das Ergebnis dann wesentlich anders ausgefallen? Die Frage läßt in eine Formenfülle überseeischer Gesellschaften und Staaten blicken, die aus dem Zusammentreffen europäischer Auswanderer mit den ursprünglichen Bewohnern in unerschlossenen Räumen Amerikas, Afrikas und Australiens hervorgegangen sind. Ähnlichkeiten und Unterschiede der Abläufe und Entwicklungen springen ins Auge. Es ließe sich eine ganze Morphologie des auf fremde Böden umgepflanzten europäischen Staates nachzeichnen.

Am Kap ging es scheinbar zunächst nicht anders zu als in Nordamerika. Die Buschmänner und Hottentotten wurden verdrängt wie die Indianer der nordamerikanischen Küsten in die Prärien. Wo sie sich wehrten, wurden sie hier wie da abgeschossen als die „Wilden", die sie zu sein schienen, bis Reisende eines späteren Jahrhunderts, das sie nicht mehr so zu fürchten brauchte, in den Indianern, freilich nicht den Schwarzen Afrikas „edle Einfalt und stille Größe" entdeckten — die umgekehrte Fehleinschätzung. Doch gab es am Kap, anders als in

Nordamerika, eine frühe Rassenmischung. Der Ansatz einer brasilianischen Entwicklung wurde sichtbar. Heute sind über zwei Millionen Kap-Mischlinge die Erinnerung.

Aber es blieb eine Mischung zur linken Hand, akzeptiert als eine der Tatsachen des Lebens, nicht sanktioniert. Es gehört zu den Unbegreiflichkeiten des katholisch-protestantischen Unterschiedes, daß es die Nordeuropäer anscheinend nirgends über sich brachten, die Mischung der Völker zu billigen. Die Regel wurde Ausrottung oder Diskriminierung. Für die katholische Kolonisation waren die Wilden, wenn erst einmal getauft, Kinder Gottes und damit Menschen, die sich ohne weiteres eingliedern ließen in die aus Europa mitverpflanzte Hierarchie der Klassen von Elend über Arm zu Reich. Soziale Ungleichheit blieb, doch der arme Schwarze war dabei nicht schlimmer dran als der arme Weiße.

Warum ist den Nordeuropäern die Hautfarbe ein solches Problem? Könnte es daran liegen, daß die protestantisch geprägten Völker ihren Missionsauftrag doppelt auffaßten, nicht nur als Glaubensmission, wie Spanier und Portugiesen, sondern auch als Kulturmission, die von der Taufe nicht berührt wurde? Die Nordeuropäer brachten ihre Anmaßung mit. Sie äußert sich noch immer im schlimmeren Falle als Unterdrückung, im besseren als „Patronizing", als Fürsorge aus verdeckter Herablassung. Es gelang ihnen fast nie, durch die störende Hautfarbe hindurch in der fremden Humanität die eigene wiederzuerkennen.

Südafrika kam nicht auf den „brasilianischen" Weg. Auf den Farmen entwickelte sich ein bäuerlicher Klein-Feudalismus: Der Farmer war mit seinen farbigen oder schwarzen Hintersassen, den Landarbeitern auf den in weiter Streuung angelegten Gutshöfen, ein König im eigenen Reich. Die Plantagen-Wirtschaft der amerikanischen Südstaaten fand, in viel kleinerem Maßstab, in Südafrika eine gewisse Parallele. Und Onkel Tom, den geduldigen Schwarzen, behandelte man wie ein nützliches Zugtier. Zu Gebet und Bibellesung wurden die Schwarzen wie die eigenen Kinder in die gute Stube gerufen. Sie gehörten dazu, so wie Ochs und Esel zur Krippe. Aber waren sie Menschen? Das kam, wegen ihres Mangels an Disziplin, Antrieb und handwerklicher Geschicklichkeit, nie recht zum Bewußtsein der Weißen — obwohl die Wahrheit gelegentlich durchblitzen mußte, und sei es nur in einer Stunde, in der der weiße Mann, Xanthippens überdrüssig, die Wärme einer anderen Frau mit dunkler Haut und sanfterem Sinn suchte und auch fand. Es war wohl Xanthippens Matriarchat, das jene braune Nachkommenschaft vom gleichen Recht aller Kinder auf das väterliche Erbe auszuschließen wußte. Und gab es nicht schon in der Genesis eine strenge, als Wort Gottes gerechtfertigte Unterscheidung zwischen den Kindern der Freien und den Kindern der Magd?

Wenn am Kap der brasilianische Ansatz verkümmerte, warum wurde dann nicht wenigstens der in Nordamerika erreichte Zustand der Beziehungen erlangt und wenigstens staatsbürgerliche Gleichheit normiert? Schiere Quantitäten spielen eine Rolle. Amerika führte seine schwarze Sklavenbevölkerung ein. Sie blieb immer Minderheit. In Südafrika traf eine weiße Einwanderung auf eine von Norden her in übermächtigen Zahlen entgegendrängende schwarze Völkerwanderung. Die Weißen waren zu wenige, um sich nicht bedroht zu fühlen, aber zu zahlreich, um sich einfügen zu müssen. Wo die weiße Siedlung und Herrschaft dagegen oberflächig dünn blieb, wie in den jüngeren Kolonien in Südwest, Rhodesien und Kenia, blieben die Beziehungen zwischen Schwarz und Weiß besser. Vor allem aber kam es in diesen späteren „imperialistischen" Kolonien des neunzehnten Jahrhunderts nicht zu

„industrieller Revolution“ und Verstädterung wie in Südafrika. Südafrika ist so in vieler Hinsicht eine frühe Sonderentwicklung, und diese ist erst halbfertig: heute ist es weder länger altertümliche Kolonie weißer Bauern noch ein schwarzes Staatswesen in seiner Entstehung, wie die anderen Staaten im südlichen Afrika, noch ein fertiger moderner Industriestaat.

In den Fehlern, die in Südafrika gemacht worden sind, können sich alle europäischen Kolonialmächte in der einen oder anderen Weise wiedererkennen. Manche dieser Fehler haben sie auch an anderen Stellen in Afrika begangen. Überhaupt hat keine europäische Nation in irgend einem der fremden Kontinente den Zusammenstoß der Kulturen, den sie verursachte, hinreichend verstanden und die Veränderung befriedigend steuern können. Traurigster Beweis dafür ist, daß kaum einer der Staaten, die aus freigelassenen afrikanischen Kolonien hervorgingen, die Freiheit, die ihm als Staat gegeben werden mußte, an seine Bürger weitergeben konnte. Absolut verglichen, sind die meisten Bewohner des Schwarzen Afrika nicht freier als die Schwarzen Südafrikas.

Die bisherige Geschichte hat Südafrika als einen Vielvölker- und Vielrassenstaat angelegt. Die Politik der „getrennten Entwicklung“ ist der Versuch, dieser künftigen Geschichte auszuweichen, ihr zu entkommen. Der Fluchtversuch der weißen Südafrikaner in den Blaupausen-Staat der „getrennten Entwicklung“ wird gewöhnlich als „Rassismus“ bezeichnet. Der Begriff liegt nahe, weil die Grenzlinie der „getrennten Entwicklung“ die Menschen nach Hautfarben scheidet. Trotzdem beschreibt „Rassismus“ nur unzulänglich, worum es sich handelt.

Rassismus ist etwas anderes als die gewöhnliche, die altgewohnte Praxis sozialer Unterscheidung (und auch Diskriminierung) in allen historischen Gesellschaften. In den Kolonien wurde sie vielfach überlagert von dem gleichzeitigen Farbkontrast. Die Hautfarbe wird dabei nur allzuleicht von allen Beteiligten und den Zuschauern für die Hauptsache genommen. Doch wenn als „Rassismus" bezeichnet wird, was in Europa im letzten Viertel des vergangenen und im ersten Viertel dieses Jahrhunderts, frei nach Darwin biologisierend, mit oder ohne Houston Stewart Chamberlain, über Wert und Unwert von Rassen spekuliert, spintisiert und narzißtisch über die eigene edle Abkunft phantasiert wurde — bis hin zu der düsteren Exekution dieser Vorstellungen in der deutschen Besatzungspolitik in Polen und Rußland und in den Gaskammern der Lager — wenn das „Rassismus" ist, dann taugt derselbe Begriff wenig zur Beschreibung dessen, was in Südafrika geschieht.

Die Buren Südafrikas handeln nicht aus politischer Theorie, sondern aus Furcht. Sie glauben sich als Herren der Lage behaupten zu müssen, weil sie sich für Mitglieder nicht einer Herrenrasse halten, sondern eines bedrohten weißen Volkes in Afrika. Ihre Politik ist präventive Unterdrückung, damit sie, so glauben sie, nicht selbst unterdrückt werden. Daß sie nur diese Aussicht vor sich sehen, nicht etwas Drittes, die Möglichkeit eines friedlich miteinander lebenden Vielvölkerstaates erkennen können und herbeiführen wollen, diese tragische Begrenztheit ihrer Wahrnehmung, oder diese Blindheit für die Gefahr, selbst herbeizuführen, was sie verhindern wollen — dies sollte nicht verwechselt werden mit dem „Rassismus" aus der intellektuellen Halbwelt Europas. Die südafrikanische Verblendung ist interessenhaft-handfester, realistisch-beschränkter, gewiß auch phantasieloser, aber selbst noch in ihrer tragischen Verstocktheit und Sturheit menschlicher und verständlicher als der verklemmte Studierstuben-Rassismus in den geistigen Hinterzimmern Nordeuropas.

Näher liegt eher der Vergleich mit dem Ständestaat.

Südafrika hat heute viel Ähnlichkeit mit den sozialen Verhältnissen Großbritanniens vor der Großen Reform. Könnte man von dem störenden Unterschied der Hautfarbe absehen, haben die Unruhen von Sharpeville und Soweto Ähnlichkeit mit „Peterloo“. Das gilt auf beiden Seiten dieser Zusammenstöße, für den Anspruch einer unmündig gehaltenen Industrie-Arbeiterschaft auf politische Mitbestimmung hier und der harten, blutigen Abwehr solcher Ansprüche durch diejenigen im Besitz des Monopols ökonomischer und politischer Macht dort, die das Ende dieses Monopols mit ihrem eigenen Untergang verwechselt. Was die Buren über die angeblichen Unverbesserlichkeiten der Schwarzen sagen, klingt nicht viel anders, als was vor 150 Jahren das englische Bürgertum pauschal über die englische Arbeiterschaft gesagt hatte.

Auch der konstitutionelle Vergleich ist möglich. In Südafrika wird politische Macht so verwaltet, wie sie im England im frühen neunzehnten Jahrhundert verwaltet wurde, in strikt parlamentarischen Formen unter Respekt vor bürgerlichen Freiheiten — aber alles nur bezogen auf den politisch berechtigten Teil der Staatsbürger. Disraeli sprach damals von den „zwei Nationen“, die in England neben- und gegeneinander existieren. Gleiches ließe sich auch von Südafrika sagen.

Man hat es eher mit einem verspäteten Ständestaat als einem Rassenstaat zu tun. Die ganze sogenannte „Rassen“-politik Südafrikas besteht vor allem in Standespolizei-Aufgaben: Es wird bestimmt und darüber gewacht, daß niemand, bei schwerer Strafe, den ihm von Geburt an zugewiesenen Platz verlasse: daß er nicht außer, vor allem nicht über seinem Stande erzogen werde, wohne, liebe, heirate, arbeite oder begraben werde. Die Politik und die Gesetzgebung der „getrennten Entwicklung“ bedeutet rigide Kontrolle der Binnenwanderung, Aufteilung der Wohngebiete, Umquartierung ganzer Stadtteile, Arbeitsplatzreservierung, getrenntes Schulwesen und die Unterdrückung weiterer Blutsmischung im Namen der „Moralität".

Doch das Burischste an Südafrika ist die von den Anfängen der holländischen Besiedlung im 17. Jahrhundert her tradierte und unter hugenottischem Zuzug verstärkte Überzeugung, mit einem göttlichen Auftrag nach Afrika gekommen zu sein, nicht, wie die meisten anderen europäischen Auswanderer in anderen Kolonien, zu profaneren Zwecken. In der Bibel, in den Geschichten der Wanderung Abrahams und Jakobs unter den heidnischen Völkern, erkannten die holländischen und französischen Calvinisten am Kap sich selbst, als Gottes eigenes Volk, das von ihm auserwählt worden war und mit dem er einen Bund geschlossen hatte. Die Puritaner Amerikas begriffen sich im selben Sinne. Doch blieben die amerikanischen Kolonien dem Geist Europas viel näher verbunden, nicht nur durch den ständigen Strom neuer Siedler, sondern auch das akute Großmachtinteresse, das Frankreich und England um den Besitz der Neuen Welt streiten ließ. In Amerika konnte sich der Puritanismus nicht weiter verselbständigen. Jedoch die Kolonisten am fernen Ende Afrikas blieben 150 Jahre fast ganz unter sich, in einem abgeschiedenen, vergessenen Winkel der Welt, an dem den europäischen Nationen nur ein Punkt interessant war, der Hafen von Kapstadt als Proviant- und Wasserstation auf der halben Strecke nach Indien. Die Kolonie verpaßte anderthalb Jahrhunderte westlicher Geistesgeschichte, verschlief den Rationalismus, die Aufklärung, die französische Revolution. Die Bibel, vor allem aber das von den Calvinisten bevorzugte Alte Testament, war das einzige Buch, das man auf den einsamen Farmen des 17. und 18. Jahrhunderts las. Es war das Buch, an dem die Kinder lesen und schreiben lernten und in dessen Bildern man dachte.

Geistige Berührung mit der inzwischen gründlich veränderten Welt brachte erst die englische Besetzung des Kaps an der Wende zum neunzehnten Jahrhundert. Seit den zwanziger Jahren spielte sich diese Berührung als Konflikt ab, im Versuch englischer Gouverneure, die Kolonie zu anglisieren und das Burische, damals noch keine Schriftsprache, zu unterdrücken. Der Gegensatz von damals dauerte fort bis in die Buren-Kriege und spaltete das Land in den beiden Weltkriegen nochmals. Im Jubel von 1948 über den endlich errungenen Wahlsieg feierte der Afrikaans sprechende Teil der weißen Bevölkerung den Sieg über den englischen Volksteil als das Ende einer anderthalb Jahrhunderte dauernden Vormundschaft. Eine Nation, die Buren, schien es, war angekommen. Wieder klang das Thema der Wanderung und der Heimkehr an.

Die Legende, die Gerundiv-Form der Geschichte ist, „wie sie zu lesen" sei. Die burische Legende handelt, wie die jüdische, vom Exodus. Zuerst aus Europa ans Kap, später, in den dreißiger Jahren des vorigen Jahrhunderts, im großen Trek nach Nordosten. Der Trek ist die entschiedene Absetzbewegung des bäuerlichen Burentums von den Engländern vom Kap, von ihrem Handelsgeist, von philanthropischer Sklavenbefreiung und Liberalismus, weg überhaupt von der modernen Welt. Der Trek über den Oranjefluß und den Vaal in einsame Wildnis, zur Gründung eigener burischer Republiken, ist wie der Exodus der Israeliten aus dem Lande der Ägypter, ein Zug aus einer bösen Umwelt zu sich selbst, in einem fernen versprochenen Land.

Eine der Ironien der Geschichte des Großen Treks ist, daß die Briten mit ihren Fleischtöpfen, mit ihrem Handel und ihrer Industrie den Buren über Oranje und Vaal nachsetzten und sie einholten. Dreißig Jahre nach dem großen Trek wurden Diamanten in Kimberley und Gold am Witwatersrand gefunden. Die Funde zogen Geld und Geschäft, eine Bergbauindustrie nach. Britisches Kapital und britische Technik holten die Flüchtigen wieder ein. Die Buren-Kriege sind der politische Vollzug dieser Einholung. Nach dem ersten Weltkrieg wird das Burentum auch innerlich eingeholt und verwandelt: die nachgeborenen Söhne der Buren wandern jetzt in umgekehrter Richtung, von den Farmen in die Städte. Heute ist aus ihnen ein afrikanisches Stadtbürgertum entstanden, aus der, in der zweiten städtischen Generation, jetzt auch eine burische Unternehmer- und Bankiersklasse hervorgegangen ist.

Vierzig Jahre nach dem ,,Großen Trek", in den 1870er Jahren, hatten Buren im westlichen Transvaal entdeckt, daß auch die neue Republik ihnen zu liberal und deren Präsident, Thomas Francois Burgers, ein liberaler Theologe, zu gottlos geworden war. Noch einmal beluden damals mehrere Hundert Buren ihre Ochsenkarren mit Sack und Pack und brachen mit Frau und Kind und Vieh auf zu einer abenteuerlichen und gefahrvollen Reise quer durch die Kalahari, immer nach Westen, der Sonne nach, um eines fernen Tages hinter dem Horizont das ,,Land der Ruhe" zu finden, fern von Geld, fern von falschen Predigern, fern von den Engländern. Nach einer jahrelangen Wanderung, unter Entbehrungen und großen Verlusten gelangte ein Rest von ihnen durch die Wüste bis nach Südwest-Afrika und wanderte von dort in den Süden Angolas.

William A. de Klerk hat in seinem faszinierend zu lesenden Buch über die ,,Puritans in Africa" nicht die Pointe übersehen, daß dieser erzcalvinistische Trek nicht in einem ,,Land der Ruhe" ankam, sondern ausgerechnet bei den Katholiken Angolas. Das Exemplarische dieses ,,Durstland-Treks" erblickt er in einer Geschichte von Menschen, die versuchen, um jeden Preis an Anstrengung, an Gut und Leben ,, den unmöglichen Traum", die Utopie, zu verwirklichen.

In Geschichten wie dieser erkennt sich die Mehrheit der Weißen in Südafrika als historische Persönlichkeit. Die Bewahrung dieser „Identität“ ist das Schlüsselwort der ganzen Apartheidpolitik. Die burische Identität müsse geschützt werden, unter allen Umständen, heißt es. Dies Burentum fühlt sich bedroht an allen Fronten: hauptsächlich von den Schwarzen, wegen ihrer Überzahl, aber auch — eine Nebenfront — von der modernen, der westlichen, der „dekadenten“ Welt, die einst von den Briten repräsentiert wurde. Die Geschichte des Afrikanertums ist eine Geschichte des burischen Selbstvertrauens und einer calvinistischen Gewißheit. Die meisten Buren lesen ihre Geschichte wie ein Versprechen Gottes, als Heilsgeschichte und auch als den Lohn zäher, hartnäckiger Selbstbehauptung. Die burische Erfahrung ist, daß man der afrikanischen Wildnis und einer Umgebung voller Feinde nicht nur trotzen, sondern am Ende auch gegen sie gewinnen kann. So hat man überlebt. Warum also sollte man ausgerechnet heute nachgeben?

Es sind lauter Mißverständnisse über die Lage und über die „Identität“. Eines übersieht die tiefgreifenden Veränderungen der politischen Umwelt im südlichen Afrika und zwischen den Großmächten. Ein anderes verkennt die Bedeutung der Gegen-Identität der Schwarzen, das „Schwarze Bewußtsein“, das sich gerade im Widerspruch zu dem burischen Herrschaftswillen gebildet hat und verstärken dürfte.

Ein dritter Irrtum: Die ganze Vorstellung der „Identität“ bedeutet, ein bestimmtes Stadium „des Burentums“ zu fixieren und vor weiterer Berührung oder Veränderung durch Geschichte zu bewahren, als eine Norm des Endgültigen, obwohl sie selbst etwas Gewachsenes ist und dem Zugriff künftiger Geschichte zugänglich bleibt. Die Buren vergessen, daß sie Holländer waren, als ihre Geschichte anfing, und daß sie nur

Buren werden konnten, weil sie ihr „Holländertum" nicht fixierten. Doch große Veränderungen sind längst im Gange. Die „Identität" als idealisiertes Bild des Burentums stellt Vergangenes dar. Es gibt nun schon in der zweiten Generation einen burischen, nicht länger bloß einen britischen Kapitalismus im Lande. Und längstens ist, außer vielleicht in Teilen des flachen Landes, auch unter den Afrikanern dieselbe Freude am Konsum, am guten Leben, derselbe Hedonismus und der Rückgang der Religion zu verzeichnen, der sonst gern für den Beweis der „Dekadenz" des Westens gehalten wird.

Doch die Buren haben in ihrer Geschichte kaum gelernt, sich anzupassen und einzuordnen. Solange die Grenze nach Norden, nach Afrika offen war, so lange konnten anpassungsunwillige Buren durch Exodus, durch Wegtrekken ausweichen, wie Männer in Amerikas wildem Westen, an der „frontier". Die Apartheidpolitik ist der letzte Trek. Nicht mehr aus dem Territorium heraus, seitdem die „frontier" geschlossen ist, sondern aus der Zeit, gegen den Wind, der durch Afrika weht, durch ein neues „Durstland" wüstenartiger Isolation hindurch in die Utopie einer getrennten Gesellschaft.

Die Politik der „getrennten Entwicklung" wurde zu dem Zweck erfunden, die „Identität" des „Burentums" ohne Abstriche und Kompromisse zu konservieren. Hören wir einen in Südafrika weithin bekannten, als „aufgeklärt" geltenden Journalisten dazu: „Es kann nicht in Frage kommen, daß wir die Macht abgeben oder teilen. Wenn man die Macht gerade — 1948 — errungen hat, gibt man sie nicht mehr her. Wir würden untergehen in einem schwarzen Meer." Und wie soll der Weg in die Zukunft aussehen? „Man muß mit der Verselbständigung der Homelands schnell voranmachen. Dann ist es noch zu schaffen. Dann könnten wir mit dem Konzept noch durchkommen. Das würde uns die Welt noch abnehmen." Es ist blanke Unfähigkeit, sich vorzustellen, daß der ganze Plan der „getrennten Gesellschaft", wenn er gelingen soll, der Zustimmung der schwarzen und braunen Südafrikaner bedarf. Diese Mehrheit lehnt das Ziel der Trennung ab. Die Buren ziehen einem Traume nach.

Dies ist mehr als nur eine burische Geschichte. Man erkennt darin eine eigentümliche Versuchung des europäischen Geistes, den Staat zu mehr in Anspruch zu nehmen als zur Sicherung der Rahmenbedingungen menschlicher Existenz wie Schutz, Sicherheit, Frieden und Herrschaft des Rechts. Die Versuchung besteht darin, den Staat einzuspannen für das Vorhaben, die Gesellschaft umzubauen nach rationalen Plänen zu höheren Zwecken, und zu erwarten, die Menschen damit besser und glücklicher zu machen. In Südafrika ist es der obstinate Versuch, der keinen Mißerfolg und keine Kosten zu scheuen scheint, die „unordentliche" Gemengelage der Völker und Rassen zu sortieren, sie in verschiedene Abteile zu stekken und jede Vermischung, die in jeder Form als unrein angesehen wird, zu verhindern, koste es, was es wolle.

Der Geist des Rationalismus verbindet alle Utopien: Die Erwartung, die Gesellschaft mit den Mitteln des „Sozial-Ingenieurs" umbauen zu können; die Faszination der Blaupause und der geschlossenen Gesellschaft, in der die Menschen dadurch glücklich gemacht werden sollen, daß sie einem höheren Plan eingepaßt werden. Wenn sie aber nicht einsehen wollen, was besser für sie ist, dann müssen sie von einer intellektuellen Elite, die es besser weiß, dazu gezwungen werden. Am Ende, so weiß diese Elite, hat sie doch recht, und alle anderen werden einsehen, was gut für sie sei. Zwang gehört immer dazu und oft auch der Henker.

Aber alle diese Utopien sind gescheitert, der calvinistische Gottesstaat von Genf, Cromwells Politik, die Puritaner in

Massachusetts, der jakobinische Versuch in Frankreich mit „Freiheit-Gleichheit-Brüderlichkeit". Die marxistischen Sozialisten, die absolute Gleichheit und Solidarität verwirklichen wollen, kommen nicht ohne Diktatur aus. Zu allen Utopien gehört immer die Notwendigkeit des Zwanges — eine grausige Form des Eingeständnisses ihrer Unmöglichkeit.

Druck mit allen geeigneten Mitteln

Der Westen und Südafrika

,,Überall in unserem Land wird von Gewalttaten und von Kommunismus geredet. Doch wir wollen keine Gewalt, keine Gewehre, keinen Kommunismus. Wir wollen nur das Recht auf gleiche Schulbildung. Wir wollen gleichen Lohn für gleiche Arbeit. Wir wollen gleiche Besteuerung, damit wir auch gleichen Nutzen daraus ziehen können. Wir wollen an der Gesetzgebung und an den politischen Entscheidungen beteiligt werden. Wir wollen Vereinigungsfreiheit und Sicherheit für unsere Frauen und Kinder." So faßt ein führender schwarzer Geistlicher, T. S. M. Gqubule, zusammen, was die meisten schwarzen Südafrikaner wollen, die politisch bewußt geworden sind.

Für Europäer und Amerikaner liegt darin nichts Bestürzendes. Das ist nicht die Sprache des Kommunismus, der Revolution oder des Chaos. Im Gegenteil, sie hören daraus die Sprache ihrer eigenen Bill of Rights, ihrer ,,Droits de l'homme et du citoyen" oder der ersten Artikel des Grundgesetzes. Die schwarzen Südafrikaner sprechen in der Sprache des Westens; ihre Führungsschicht ist überwiegend christlich, nicht marxistisch geprägt. Was sie verlangen, sind in unseren Augen unabweisbare Forderungen.

Aber liegt es nicht im Interesse des Westens, daß Südafrika weiterhin von Weißen regiert wird? Einige der größten Rohstoff-Reserven der Welt lagern dort. Der westliche Handel mit Südafrika ist umfangreich. Westliches Kapital ist in beträchtlichem Umfang in die industrielle Entwicklung Südafrikas investiert worden — jedenfalls bis vor einem Jahr, bis zu den Unruhen in den großen Städten Südafrikas. Vom Kap aus lassen sich große Räume im Süden des Atlantischen und des Indischen Ozeans überwachen. Zudem zieht hier der gesamte Tanker-Verkehr zwischen Amerika und dem Persischen Golf und weitaus der größte Teil des Ölstromes nach Europa vorbei. Die strategische Position Südafrikas ist hervorragend, freilich nicht unerläßlich für die Überwachung und den Schutz der westlichen Seerouten.

Muß sich also der Westen entscheiden zwischen, grob gesagt, Menschenrechten und Rohstoffen? Die wichtigste politische Bedeutung Südafrikas für den Westen liegt heute darin, daß hier der Ort ist, an dem der Westen ganz Afrika zeigen muß, ob er an seine eigenen Ideen glaubt und ob er auch die Kraft aufbringt, das weiße Regime in Südafrika zu inneren Reformen zu bewegen. Die westliche Haltung könnte zur Weiche für die Hin- oder die Abwendung Afrikas im Ordnungskonflikt des Westens mit der Sowjetunion werden.

Nähere Betrachtung erweist, daß sich der Westen keineswegs entweder für Schwarz-Afrika oder für Südafrika entscheiden muß, entweder für Menschenrechte und ein Ethos der Politik oder den Schutz investierten Kapitals und die Nutzung vorzüglicher seestrategischer Positionen. Wahrscheinlich ist das Richtige im ersten auch das langfristig Nützliche im zweiten. Und wahrscheinlich kann man auch, drittens, der Zukunft der weißen Südafrikaner in Südafrika keinen besseren Dienst tun, als ihre Alleinherrschaft zu beenden. Die schwarze Forderung nach Beteiligung ist unabweisbar geworden — eine Notwendigkeit des Friedens und des Überlebens der Weißen.

Die friedliche Aufhebung der Apartheid-Gesetzgebung

setzt eine andere Zusammensetzung des Kapstädter Parlaments voraus. An der Forderung des Wahlrechts für die Schwarzen (und alle anderen Hautfarben) ist deshalb nicht vorbeizukommen. Dies kann nur das allgemeine und gleiche Wahlrecht sein — selbst wenn es wünschenswert erscheinen könnte, für eine Übergangszeit ein nach Bildungsstand und Vermögen unterscheidendes Übergangswahlrecht zu haben. Doch ein ungleiches Wahlrecht wäre eine Quelle ständiger Unruhe und Nachforderungen. Möglicherweise würde es sogar radikale Gruppen unter den Schwarzen eher begünstigen als dämpfen.

Die Forderung „one man — one vote" trifft unter den weißen Südafrikanern auf entschiedenen Widerspruch, auch bei denen, die die Notwendigkeit von Reformen begriffen haben. Sie vergleichen die Bevölkerungszahlen und fürchten, daß vier Millionen Weiße von 21 Millionen Schwarzen die Umkehrung der bisherigen Machtverhältnisse zu erwarten hätten, einen umgekehrten „Rassismus", in dem dann die Weißen ihre staatsbürgerlichen Rechte verlören und bestenfalls Gäste im eigenen Land würden. Diese Besorgnis ist nicht unbegründet. Sie kann nicht ignoriert werden.

Ebenso berechtigt ist der warnende Hinweis auf alle anderen Staaten Afrikas, denen die abziehende Kolonialmacht auf dem Weg in die nationale Unabhängigkeit auch Verfassungen für demokratische Selbstregierung mitgegeben hat. Aber in fast allen ist die Demokratie nach wenigen Jahren zusammengebrochen. In fast allen haben sich, wenn nicht tyrannische Militär- oder Zivildiktaturen, benevolente Autokratien und korrupte Verwaltungen breitgemacht. Die Evidenz ringsum in Afrika ist bedrückend.

Doch ist einzuwenden, daß nirgendwo in Afrika die Schwarzen längeren und intensiveren Kontakt mit Weißen hatten und zu größeren Anteilen in Schulen und an Arbeitsplätzen in weißen Unternehmen erzogen wurden als in Südafrika. Südafrika ist das einzige Land Afrikas, in dem Schwarze in großer Zahl verstädtert sind. Es ist das einzige schwarzafrikanische Land mit einer großen schwarzen Industriebevölkerung. Südafrikas Schwarze bringen deshalb bessere Voraussetzungen für die Beteiligung an demokratischer Selbstregierung mit als alle anderen Völker Schwarzafrikas.

Eine politische Reform in Südafrika müßte eine doppelte Forderung erfüllen: Sie müßte die Schwarzen mit gleichen Rechten voll beteiligen, also durch ein gleiches Wahlrecht; und sie müßte allen Gruppen, auch den Weißen, die Sicherheit ihrer bürgerlichen Rechte und ihrer eigenen Kultur garantieren.

Für die besonderen Verhältnisse in einer gemischt-rassigen Gesellschaft kann eine „normale" europäische Verfassung nicht als Vorbild taugen. Die Südafrikaner werden dafür ihre eigene Form finden müssen. Auf die Vergleichbarkeit mit europäischen Verfassungen kommt es auch nicht an. Was zählt, sind alleine die Geltung der Menschen- und Grundrechte und die Aussicht auf ihren dauerhaften Bestand. Das erfordert einen starken Minderheitenschutz.

Grundrechte sind ihrem Wesen nach Minderheitenschutz in ihrer kleinsten Form: für den einzelnen Bürger. Sie schützen ihn nicht nur vor Übergriffen der Exekutivgewalt einer Regierung, sondern auch vor gesetzgeberischen Exzessen eines „demokratisch" gebildeten Mehrheitswillens. Je heterogener ein Staatsvolk zusammengesetzt ist, desto größer ist sein Bedarf an Brems- und Verhütungsinstrumenten in der Verfassung. Die Verfassung Südafrikas würde sich von anderen Verfassungsstaaten durch einen spezifisch hohen Minderheitenschutz auszeichnen müssen, durch die Beschränkung der Reichweite des Mehrheitswillens, durch Vetorechte einzelner Gruppen, ein höheres Bedürfnis an politischer Einmütigkeit für das Zustandekommen von politischem Willen und Gesetzen (qualifizierte Mehrheiten) und eine entsprechende Ausprägung von Vermittlungs- und Schlichtungseinrichtungen. Die Beschlußfassung wird dann mehr den Verfahren einer Ständeversammlung, die getrennt nach „Bänken" abstimmt, oder eines Staatenhauses gleichen, weniger denen der Volkskammer eines unitarischen Staates. In der „Turnhalle" von Windhuk haben die Gruppen Südwestafrikas in nicht unvergleichbarer Lage, eine — inzwischen in Wartestand versetzte — bemerkenswerte Verfassung entworfen, in der die gesetzgebende Versammlung überhaupt nur aus einer zweiten Kammer besteht. Kein Gesetz würde dort zustandekommen, wenn es nicht in jeder einzelnen Volksgruppe die Zustimmung einer Mehrheit findet. Die Turnhallen-Verfassung ruht auf dem Prinzip des Bundesstaates; doch sind in diesem Falle nicht Staaten oder Kantone seine Glieder, sondern Personenverbände — weiße, schwarze, graue, braune Volksgruppen, die ihre Repräsentanten nach gleichem Wahlrecht auf getrennten Listen wählen.

Eine Verfassung für Südafrika würde auch die Turnhallen-Verfassung nicht einfach kopieren können. Man würde vielleicht eine Mischform erfinden, vielleicht einen Bundesstaat, der aus Gebietskörperschaften und aus Personenverbänden gebildet wäre. Man könnte sich vorstellen, daß die „Heimatländer" der Schwarzen nach dem Territoralprinzip, die Kap-Mischlinge und Inder nach dem Volksgruppen-Prinzip und die Weißen und Schwarzen in den dichtbesiedelten Industriegebieten Südafrikas nach dem einen oder dem anderen Prinzip repräsentiert werden. Man braucht da nicht dogmatisch zu sein. Jede Form ist geeignet, die auf vertrauenerweckende Weise das doppelte Bedürfnis nach Teilnahme an demokratischer Regierung und nach Schutz der kulturellen Identitäten befriedigt.

In dieser Richtung also muß entschiedener auswärtiger Druck auf die weißen Südafrikaner ausgeübt werden und den Schwarzen zu Hilfe kommen. Die westlichen Regierungen haben sich lange zurückgehalten. Sie haben geglaubt, sich nicht einmischen zu sollen. Mittlerweile ist, wegen der neuen Möglichkeiten sowjetischen Eingreifens, das System der Apartheid und die Vorenthaltung staatsbürgerlicher Rechte für die Schwarzen und die Farbigen zur Quelle einer internationalen Gefahr geworden. Die revolutionären Umwälzungen in Angola und Mozambique und die Verschärfung des rhodesischen Konflikts haben Südafrika seiner bisherigen Schutzisolierung beraubt. Der amerikanische Druck, den Kissinger auf das rhodesische und das südafrikanische Regime auszuüben begann, ist von der Regierung Carter bedeutend verstärkt worden. Die wachsende Gefährlichkeit der Lage legitimiert westlichen Druck zur inneren Umformung Südafrikas.

Aber sie erspart nicht kluge Wahl der Mittel. Es bedarf weder opportunistischer Anpassung der westlichen Regierungen an die Schmähreden schwarzafrikanischer Staaten in den Vereinten Nationen oder anderswo noch der Orientierung an Sprache und Denkweise der linken Flügel europäischer politischer Parteien. Mit absichtsvoll unhöflicher Behandlung zum Beispiel, wie sie Ministerpräsident Vorster während der Gespräche mit Kissinger in der Bundesrepublik durch die Bundesregierung zuteil geworden ist, dürfte man unter den weißen Südafrikanern eher Trotz als Nachdenklichkeit wecken.

Wenn es nicht zur bloßen Ablösung einer Gruppen-Herrschaft durch eine andere kommen soll, muß die Reform einigermaßen kontrolliert und jedenfalls mit der (sicher nur widerwilligen) Einsicht der Mehrheit der weißen Südafrikaner zustandekommen. Kein westlicher Rat, auch kein Druck, wird sie zum Mitmachen überreden können, wenn er einfach als

Verbündeter militanter und Gewaltlösungen bedachter Befreiungsfronten in Erscheinung träte. Der Druck westlicher Regierungen würde die weißen Südafrikaner nur in die Ecke des äußersten Widerstands und in einen katastrophalen Bürgerkrieg treiben, wenn er nicht allen Beteiligten verständlich macht, daß das Existenzrecht der Weißen in Südafrika als Gruppe (nicht als Herrschaft) so viel gilt wie der Anspruch der Schwarzen auf Bürgerrechte. Nur zusammen ergibt dies eine Politik, die man den Weißen Südafrikas zumuten kann und zumuten muß.

Druck mit allen geeigneten politischen und wirtschaftlichen Hebeln also; doch Boykott der südafrikanischen Wirtschaft taugt dazu nicht, — zunächst weil man aus Erfahrung wissen kann, daß Boykotts entweder nicht lückenlos zustandekommen oder eher auseinanderbrechen, als ihr Opfer zusammenbricht. In Südafrika käme hinzu, daß ein Boykott, wenn er wirkungsvoll wäre, gerade die am meisten träfe, denen er helfen soll. Die schwarzen Arbeiter verlören Arbeitsplätze. Ohne Arbeitslosenhilfe und meist auch ohne Ersparnisse wären in erster Linie sie und ihre Familien die Opfer.

Jüngst haben die Jesuiten der britischen Ordensprovinz beschlossen, nicht dem Beispiel anderer englischer Kirchen zu folgen, die ihre Anteile an südafrikanischen Firmen verkaufen wollen. Die Vermögenstreuhänder der Jesuiten erklärten, sie seien nicht davon überzeugt, daß ein Verkauf ihrer Aktien irgendeine Hilfe für die Schwarzen Südafrikas bedeuten könnte. Sie fügten hinzu, es gebe auch keine Gewähr, daß derjenige, der ihre Aktien kaufte, mehr gegen die Apartheid ausrichten würde als sie selbst. Und ein allgemeiner Rückzug fremder Investoren überließe die südafrikanische Wirtschaft den Leuten, die sich überhaupt nicht um Menschenrechte kümmerten. Das ist ein kühles, vernünftiges Argument, das ganz gegen den Trend des politischen Denkens in den Kirchen läuft.

Die südafrikanische Wirtschaft zu boykottieren nütze niemand in Afrika, sagte uns auch der angesehenste unter den oppositionellen Ministerpräsidenten der schwarzen „Heimatländer", Gatsha Buthelezi. Sie befriedige nur den Bedarf an Selbstrechtfertigung unter protestierenden Europäern, fügte er bitter hinzu. Den Schwarzen helfe alles, was die Wirtschaft Südafrikas entwickele und so zusätzliche Bedürfnisse nach Abbau der innenpolitischen Schranken entstehen lasse.

Den gleichen Rat geben auch führende Männer der südafrikanischen Wirtschaft, darunter der wichtigste Industrielle des Landes, Harry Oppenheimer, die sich in der „South Africa Foundation" eine politische Plattform zur Verbreitung maßvoller Reform geschaffen haben. Man kann ihn auch von einigen deutschen Industriellen in Südafrika hören, die durch reformerische Personalpolitik in ihren Betrieben und Mitarbeit in kirchlichen Organisationen vor der Verdächtigung geschützt sein sollten, lediglich Partikularinteressen des investierten Kapitals das Wort zu reden.

Es gehört zum Aberglauben und zum politischen Verdächtigungsschema dieser Zeit, nach dem Muster des „cherchez la femme" die Übel der Gesellschaft auf die Rolle des privaten unternehmerischen Kapitals zurückzuführen. Man könnte mit nicht weniger Grund auch alle Wohlbefindlichkeiten und Verbesserungen im Leben des einzelnen und der Gesellschaft auf die Beteiligung des „Kapitals" zurückführen und so aus einer politischen Denunzierung der Kapitalinteressen ein Preislied machen. Noch immer glaubt man eine große Entdeckung zu machen, wenn man auf die Allgegenwärtigkeit ökonomischen Wirtschaftens stößt. Es ist von den natürlichen Voraussetzungen menschlichen Existierens nicht abzulösen. Es gehört so dazu wie Bitte um das tägliche Brot zum Vaterunser.

Das verbreitete Verdächtigungsschema unterstellt, daß das ökonomisch Gebotene das human Unannehmbare sei. Doch kann es keine wirkliche soziale Reform geben, die in einem dauerhaften Gegensatz zu vernünftigem Wirtschaften steht. Nicht zufällig ist allen sozialistisch umgebauten Gesellschaften eine auffällige Labilität, wenn nicht gar Instabilität eigentümlich. Sie bedürfen fortdauernd politischer Stützkonstruktionen, um aufrecht erhalten zu werden. Kennzeichnend ist das Ein-Parteien-Monopol und ein nie zu befriedigender Lenkungs- und Ideologiebedarf, bis in die Mißachtung von Menschenrechten.

Tatsächlich kann es auch in Südafrika keine Reform geben, die von den ökonomischen Bedingungen absähe. Tatsächlich gibt es sogar einen Zusammenhang zwischen ökonomischer Vernunft und sozialer Reform. Aus der südafrikanischen Wirtschaft kommt heute der stärkste Widerspruch zur Apartheid. Er ist stärker als das Wort der Kirchen, stärker als die jetzige Organisation der Schwarzen, stärker als die Opposition im Parlament. Die Wirtschaft widerspricht der Apartheid mit einer ökonomischen Begründung. Die Apartheid verursacht den Betrieben unnötige Kosten, sie bedeutet Verschwendung, zuviel Reibung, zuviel Umstände, zuviele Hindernisse für die Einstellung, Ausbildung, Verwendung, für die Produktivität, Mobilität und Stabilität des Personals. Apartheid erschwert es, ausländisches Kapital zu erhalten und südafrikanische Produkte im Ausland abzusetzen. Apartheid schreckt europäische Fachkräfte ab, sich im Lande niederzulassen. Kurz: Apartheid ist teuer.

Zum ökonomischen Argument paßt das humanitäre: Verbesserung der Lebensbedingungen der Schwarzen — ihrer Wohnverhältnisse, ihrer Bildung, ihrer Aufstiegschancen, ihres Selbstwertgefühls — sind nur unter der Voraussetzung einer prosperierenden Wirtschaft möglich. Ob diese Verbesserungen dabei zustandekommen, ist nicht sicher. Aber sicher sind sie im andern Falle ausgeschlossen. Wirtschaftliche Schwierigkeiten größeren Umfangs (Zusammenbrüche, drohender Bankrott, Massenentlassung, Arbeitslosigkeit) wie sie ein Boykott herbeiführen könnte, würden die Radikalisierung der Schwarzen fördern und die Gefahr eines Massenblutbades und folgenden Massenelendes erhöhen. Kann man zweifeln, daß ein Exodus der Weißen Hunger für die Schwarzen bedeuten würde?

Alle Umstände sprechen dafür, und keiner dagegen, daß die Transformierung der südafrikanischen Zustände zu einer offenen Gesellschaft mit weniger Diskriminierung und mehr Freiheit und Menschenwürde im Tempo der wirtschaftlichen Entwicklung Südafrikas beschleunigt werden wird. Die Sozialgeschichte Europas seit dem Ende des Mittelalters hält dazu viel Anschauung bereit. Die Entstehung der westlichen Demokratie ist nicht zu trennen von der allmählichen Freisetzung ökonomischer Rationalität und dem ökonomischen Aufstieg neuer Schichten. In Südafrika sollte also die wirtschaftliche Entwicklung beschleunigt werden. Wer den Schwarzen helfen will, sollte zu Investitionen in Südafrika statt Boykott aufrufen.

Aber würden mehr Investitionen nicht auch das südafrikanische Regime bestärken? Würden sie den Kräften der Beharrung nicht erlauben, auf ihrem Weg fortzufahren? Das könnte wohl so sein. Umso mehr wird es darauf ankommen, an das Kapital, das investiert wird, Bedingungen zu knüpfen, die Veränderungen herbeiführen. Viel zu wenig europäische Firmen in Südafrika sind entschlossen, auf breiter Front mit der Gruppe um Oppenheimer im eigenen, industriellen Bereich die Wohnverhältnisse ihrer Arbeiter zu verbessern (billige Darlehen), sie besser auszubilden (Facharbeiter) und das Prinzip, daß kein Weißer unter einem Schwarzen arbeiten darf, aufzubrechen. Mit der höheren Qualifikation wären Produktivitätsgewinne zu erzielen und als höhere Löhne wieder auszugeben. Die Gewerkschaften würden dabei stärker werden.

Die südafrikanische Wirtschaft ist eine starke Macht. Es kommt darauf an, sie in ihrer Breite zu mobilisieren und für die Veränderung einzuspannen. Dies ist der stärkste Druck, den der Westen von außen auf die herrschende Gruppe der weißen Minderheit in Südafrika ausüben kann. Es ist ein Druck, der langsam wirkt, aber dessen Wirkung die weiße Herrschaft auch fast nichts entgegensetzen kann.

Rolf Seelmann-Eggebert

Das Kap der Stürme

Südafrikas Weg in die Krise

Ca. 240 Seiten, Schutzumschlag, Fotos,
historische und politische Karten, ISBN 3-12-910970-6

Als Jefferson 1776 die Erklärung von Amerikas Unabhängigkeit entwarf, als das Volk von Paris 1789 die Bastille erstürmte, war in Südafrika eine neue Nation entstanden. Ihre Nachfahren nennen sich bis heute stolz die „weißen Afrikaner". Sie hatten sich entschlossen, außerhalb der Reichweite der Kapregierung ihr Glück als Jäger und Rinderzüchter zu versuchen.
Diese „Treckburen" entwickelten vier Tugenden: Sie waren fromm, die Bibel war oft das einzige Buch, das im Planwagen mitreiste. Aber sie waren ebenso unduldsam, doktrinäre Jünger Calvins, dessen Prädestinationslehre es ihnen leicht machte, den schwarzen Afrikaner als gottgewollt minderwertig einzustufen. Der Treckbure liebte die Freiheit. Aber er verstand darunter, daß er in seinem Lager schalten und walten konnte, wie es ihm beliebte, ohne jede Einmischung von außen. Trotzdem entwickelten die Treckburen ein starkes Gruppenbewußtsein. Schließlich waren sie sehr tapfer. Aber sie kannten kein Mitleid, wenn der Gegner farbig war.
Mit diesem Buch will Rolf Seelmann-Eggebert aus Fakten der Vergangenheit und Gegenwart ein Scenario schaffen, mit dessen Hilfe der Leser die Tagesnachrichten zum Krisengebiet Südafrika besser einordnen kann.